YNAB
YOU　NEED　A　BUDGET

史上最簡單有效的
個人理財預算法

讓每一塊錢都有效率！
教您從根解除財務焦慮

傑西‧麥坎姆
Jesse Mecham 著

羅亞琪 譯

THE PROVEN SYSTEM FOR BREAKING
THE PAYCHECK-TO-PAYCHECK CYCLE,
GETTING OUT OF DEBT,
AND LIVING THE LIFE YOU WANT

獻給茱莉……

以及那六個住在我們家的小朋友。

content

2 法則一：為每一塊錢分配工作 055

3 法則二：擁抱真實的支出

4 法則三：隨機應變 111

5 法則四：讓你的錢躺久一點　131

導論

如果你正在讀這本書，那就表示金錢已帶給你某種壓力。對一些人來說，那是令人想扯掉頭髮的壓力；對另外一些人來說，或許他們只是知道自己的財務狀況可以更好。無論是有焦慮恐慌感，或者只是覺得不太踏實，跟錢有關的念頭總是時時刻刻在許多層面擾亂我們內心的平靜。通常，我們甚至不會注意到這一點。

你可能在工作地點拿了個6美元的火雞三明治，站在收銀臺前面時，卻想起家裡的冰箱還有一些現成肉片，所以你心想：「我應該早點起床自備午餐的。」你可能讀到一篇文章，內容說你這一代退休金存得不夠多，於是你心想是不是該多提撥一點錢到401(k)的退休帳戶[1]。你可能存錢想要裝修浴室，但還是擔心這是錯誤的決定，因為你的筆電快掛掉了、

1　編按：401(K) 是美國政府給私人雇員的退休帳戶計畫，即提撥部分薪水到其帳戶，退休後提領，即可享稅收優惠。

你的狗走路一拐一跛可能要就醫，而且大學學費越來越貴，讓我們所有人都在想，從現在到讀幼兒園的孩子上大學之前，我們是不是該三餐都吃豆子就好。緊繃的感覺重擊你的胸口，你的呼吸變得有點急促，但你只能把這些壓力塞進忙碌的行事曆中。

這一個個的小壓力其實全都在問同一個問題：*我能夠負擔得了這個嗎？*所謂的「這個」，可能小到跟朋友出去吃午餐，也可能大到在講退休生活。這個問題一天到晚都在糾纏我們所有人，無論我們是窮是富，我們總在想自己能不能買得起某些東西。

唯一可以跟「*我能嗎*」匹敵的金錢問題，就是它的邪惡表哥：*我應該嗎？*這有一部分是源自好勝的天性，但大部分是因為我們不知道自己究竟想要什麼。同事告訴你，他每個月都會為孩子的大學學費存一筆錢，所以你心想自己或許也應該這麼做；堂妹在Instagram上分享全家人精采的迪士尼之旅（只是重點短片而已），所以你就想：「我該去度假嗎？」

「我應該嗎」永遠會回到「我能夠嗎」這個問題，讓焦慮感持續發酵。我們知道自己需要做點什麼，只是不確定到底要做什麼、何時要做或甚至自己做得到什麼。

此時，大部分的人都會感到癱瘓，最後什麼也沒做，原因往往有三個：

我們沒有信心自己知道什麼才是最好的。太多選擇使我們無所適從，不知道應該相信自己的直覺、在電視上對著我們大叫的那個人，還是其他毫不相干的東西。

我們沒有一套決策系統。這件事我會在整本書談到很多，但基本上就是我們需要確立一套系統來幫助自己決策。沒有這套系統，我們只是隨心所欲地花錢和存錢。

我們害怕面對真相。我們的財務狀況像一個黑箱。金錢飛進飛出我們的帳戶，但我們猜想一切應該沒事，畢竟餘額從沒有歸零，可是我們其實不知道究竟發生了什麼事，也很害怕得知。

怎麼辦？有那麼多因素使你動彈不得，要如何打破癱瘓的狀態？這本書就是要幫你解決這個問題。我第一個、也是最大的建議或許能帶你跳出任何一個財務的死胡同：

別再想錢。

真的。因為這整件事根本和錢無關。好吧，確實跟錢有點關係，但是金錢不是重點，也不是終極目標。事實是，當財務使我們備感壓力，是因為我們不確定自己的金錢決定是

否跟我們想過的生活相符。我們需要問自己的問題不是「**我能嗎**」或「**我應該嗎**」，而是「**我希望錢為我做些什麼？**」回答這個問題，就能幫助我們應付無窮無盡的選擇、模仿鄰居的壓力，以及覺得自己就是不懂理財的癱瘓式恐懼。

「**我希望錢為我做些什麼？**」這個問題就像一種信念確認，能夠讓我們看見是不是自己的優先順序在驅使各種金錢方面的決定。如果知道我們希望錢為我們做些什麼，選擇就會變得沒那麼可怕，自信很快就會取代壓力。

信念確認：開始

我希望錢為我做些什麼？

你花了這麼多時間工作、花錢、存錢和焦慮，是否曾經問過自己這個問題？沒有也請別擔心，大部分的人都不會這樣思考金錢，而且老實說，這個問題很難回答。另外，答案會隨著時間改變是很正常的。所以，你才需要在每次做出金錢決定時，都不斷確認信念，這樣可以再次確定自己的優先順序，或打開眼界進行必要的改變。

讓我說清楚一點：「**我想要什麼**」跟「**我希望錢為我做些什麼**」是不一樣的問題。我不是要你寫下度假地點的願望清單。「我希望錢為我做些什麼？」這個問題是要你決定自己想過什麼生活，接著制定計畫，讓金錢幫你實現目標。

假如你現在沒有過著想要的日子，那你希望怎麼生活？如果你的答案跟目前的現況天差地遠，不要擔心。只要想想什麼對你來說很重要就好了。或許你想要的生活是能待在家裡照顧孩子、每年到歐洲度假、重返校園或純粹減少帳單帶來的壓力，也有可能上述的一切全都是。不重要，重點是決定你的優先順序，然後制定計畫，實現它。

少了計畫，你會飄忽不定，希望人生有一天自動找到方向。這就好比上大學卻從不決定主修科目（或許你以前就是這樣），或者去超市買菜卻隨意亂拿架上的東西，希望這些能變出晚餐（或許你現在就是這樣）——這其實是很多人對待金錢的方式。金錢在我們未多加思索的情況下來來去去，直到突然間，我們開始感到壓力，而且我們甚至往往沒有發覺自己在對金錢焦慮。一切都感覺難以招架。

金錢壓力的解方

　　什麼是那個人生計畫？其實就是預算。沒錯，預算。你需要，我也需要，我們人人都需要預算，不管我們有多少錢（或根本沒錢）。你既然拿起這本書，大概已經知道這一點，但是預算這個概念可能還是讓你相當害怕。如果你擔心預算太死板、侷限很多、過於嚴苛，那麼你應該從不同的角度看待預算。別再想你不能用自己的錢做到什麼（**我負擔不了那趟旅行**），也別再想你必須用自己的錢做到什麼（**我得付清學貸**）。反之，想想你要的是什麼，然後從那裡出發。比方說：**我想要帶家人去義大利；我想要過著沒有債務的生活；我想要聘請私人家教學義大利文**。預算可以幫助你規劃這一切。

　　我先前有提到，很多人在金錢方面的選擇上遭遇困難，是因為沒有一套決策系統。你的預算就是那套系統，是根據你想要什麼來設計人生的工具。沒有編列預算，你就沒有辦法知道花費的優先順序。你往往甚至不知道自己的錢到底跑到哪裡了。你可能因為負擔不了對自己重要的東西而感到焦慮，同時卻又把錢花在其他東西上，儘管如果看見買了那些

東西要付出的代價，你其實會很願意捨棄。這就是（優質）預算的美妙：它會讓你清楚看見自己的支出如何影響生活的其他層面。

　　或許義大利之旅好像超出了你的現況，但是同一時間，你不怎麼享受的外食習慣每個月卻花你幾百美元。你的衣櫃可能塞滿衝動網購後鮮少拿來穿的衣物，但是學貸餘額卻又令你感到頭痛。

　　假如你在想自己到底有沒有哪天能夠買得起□□（請自行填空），你或許不需要看得比你以為的還遠。編列預算就是因為這樣才好玩、讓人充滿自由。沒有東西比得上刪掉無意義的花費、把錢用來積蓄給曾經像是白日夢的目標，所能帶來的喜悅。想像一下，你的度假基金不斷成長、同時腰圍縮小（雙贏！），或者學貸漸漸消失、衣櫃也不再亂七八糟，那是什麼樣的美好感受。

　　金錢不再隨便流失後，你就可以把它用來支持你真正在乎的事物，別讓它消失不見。預算可以讓你毫無罪惡感地花錢和存錢，因為你已經決定好你希望那些錢用在哪裡。這會幫助你用全新的角度看待金錢，使你永遠滿意自己的決定，無論你的決定是花錢或不花錢。

每個人的實際狀況都不一樣。仔細檢視你的支出之後，你或許會決定外食和網購對你來說的確相當重要，只是可能沒有存錢去義大利或付清學貸那麼重要。無論你決定什麼，你都可以找到方法資助對你來說組成美好生活的任何事物。你只是需要一個計畫。

認識YNAB的四大法則

這本書會在你讀完之後，讓你擁有兩項非常強大的個人工具：

一套明確的系統，幫助你為自己想要的人生做出量身打造的財務決定。這套系統就是預算。

一個全新的觀念，讓你以先前從未有過的方式看待金錢。那個觀念就是YNAB的四大法則。

我會在書中往後的篇幅揭開這四大法則，並讓你看看YNAB人（也就是使用YNAB的人）是如何使用這些法則翻轉他們的人生。現在先來看看鳥瞰圖：

法則一：給每一塊錢分配工作。這講的是積極主動，這

樣人生才不會奪走你的錢。你要先決定自己的優先順序，接著將金錢（只有你現在擁有的那些，後面會說到更多！）一一分配給這些優先事物，別讓它消失不見。由於金錢要流向最優先的事物，花錢的門檻就必須設得更高。

法則二：**擁抱真實的支出。**這結合了超前思考和馬上行動的力量。無論支出是規律出現（租金）、感覺難以預測（修車費用）或只是遙不可及的夢想（婚禮付現），這些全都是你真實支出的一部分。關鍵在於把它們當成每月支出看待，一次存一點。

法則三：**隨機應變。**這可以幫助你快速調適，無論遇到什麼狀況都能應付。預算是一種計畫，但是計畫會改變，預算也應該要有改變的空間。跟朋友出去吃飯，所以花費比預期的還多？生活丟了一顆變化球給你？不用焦慮，只要從優先順序較低的預算類別挪用一些錢，然後繼續過日子就好。這樣並不是編列預算失敗，只是在隨機應變。大部分的人想到預算並不會想到這樣的彈性，但這卻可能是獲得成效的關鍵。

法則四：**讓你的錢躺久一點。**這條法則要你試著花費至少三十天前賺來的錢。從拿到錢到花掉錢，這中間的時間拖

長一點，你就會過得更安穩、更有彈性。你的呼吸會順暢許多。如果你有實踐前三條法則，其實不知不覺就會把錢越放越久，那你就能正式擺脫月光族的輪迴（慢走不送！）。

　　無論你的收入或目標為何，這四大法則都適用每一個人。不管你是剛畢業的社會新鮮人，正在適應出社會第一年的生活，或者你剛退休，正要提領退休帳戶的錢，都無所謂。不管你是富是窮、是節儉或花錢如流水，這四大法則都會讓你每天積極主動地跟金錢交涉，使你掌握自己的財務。

四大法則出現以前，曾有一對新人……

　　我會在2004年創立「你需要預算」（You Need a Budget，簡稱YNAB）計畫，是因為我跟我太太茱莉已經走投無路了。當時，我們是一對二十二歲的新婚夫婦，住在一棟六十年的老房子約8.5坪的地下室裡。我們兩個都是「靠愛情維生」的學生。然而，愛情不會幫你付學費、教科書或公車票卡（我有說我們當時沒車嗎？）。我還需要三年才會完成會計碩士學位，因此短期內無法賺取真正的薪水。茱莉即將完成社工學

士學位，已經開始工作，但是時薪只有——聽好囉——10.5美元。

除此之外，我們還準備生第一個孩子，要實現讓茉莉在家照顧孩子的夢想，我們絕對負擔不了。我感覺走投無路，但身為一個數字控，我知道我會在Excel試算表找到答案（那可是生命中所有的魔法發生的地方）。於是，我開始研發一套系統，幫助我們追蹤支出。

我的想法很簡單。我打算記錄我們所有的花費，試算表的每一列都代表一年的其中一天，所有的支出和收入類別列在最上方。我寫了最常見的那些：買菜、教科書、出外用餐、電話費、汽油等。這份預算表我覺得很美，就像任何尋常的事物在創造它的人眼中絕對很美那樣。

我和茉莉每天都認真使用這份預算表，經過幾個月後，驚人的事情發生了。儘管我們的財務狀況很拮据，我們卻發現自己做得蠻好的，能夠繳納帳單，甚至可以存一點點錢。我們還是會去做那些對我們來說組成美好人生的事，像是編列每個月幾次約會行程、跟朋友出去以及兩人各有一點零用錢的預算。我們沒過著月光族的生活，還達成了不同的目標。這份預算奏效了。

於是我思考了一下。如果我的預算策略對我有用，說不定對別人也會有用。這時，我們很想要多賺點錢，以便實現讓茉莉在家照顧孩子的目標。我開始認為我可以在以時薪計算的實習工作之外，賺取額外的收入，給我們更多喘息空間，讓茉莉離開職場。我的想法是，說服別人預算也能對他們奏效——YNAB就這樣應運而生了。

我開始對其他人傳授對我和茉莉很有幫助的理財原則，結果發現，我們的做法其實蠻特別的。我們依循了四條強大的基本法則，永遠改變了自己的財務。我們從來不會為了錢吵架，且我們感到很知足（即使收入極少）。

將時間快轉十年後，同樣的這些法則已經幫助了世界各地幾十萬的個人與家庭。我最後確實完成了會計碩士學位，成為一名有執照的註冊會計師，但我捨棄了註冊會計師的明星光環，決定將「你需要預算」發展成全方位的事業。我的全職工作跟這本書一樣，都是要幫助你明白你也可以獲得財務自由。但要達到那個境界，你就需要預算。

請耐住性子試試看，你肯定從未這樣編過預算。

先把幾件事說清楚

在我們繼續前進之前，我想先說清楚幾件事：

我絕對不會告訴你怎麼使用你自己的錢。沒錯，這是一本個人理財書，但是那不重要。我沒有資格告訴你錢應該放在股市、銀行帳戶，還是變成腳上那雙新的喬丹鞋（你是搭什麼顏色呢？）。只有你自己知道金錢需要為你做些什麼，因為你的優先順序是你自己的。然而，光是要弄清楚你希望金錢為你做什麼，有時候反而是最困難的，這就是我要幫你達到的。你的目標和優先順序也可能隨著時間改變，那很正常，一切都取決於你希望自己的人生是什麼模樣。

你不需要訂閱YNAB的線上預算編列軟體。假如你還沒有看出來：YNAB把重點放在你的金錢觀，而非你追蹤金錢走向的方式。無論你已經使用YNAB軟體多年，或者你喜歡用紙筆記錄進度，YNAB的四大法則都適用。好好想一想你最喜歡的預算追蹤方式是什麼。Excel會為我帶來難以解釋的喜悅，因此我和茱莉開開心心地使用我們的YNAB試算表很多年了。假如你喜歡紙張，使用簡單的筆記本編列預算或許能

夠讓你得心應手。你會經常管理你的預算，因此務必確定你選擇的記錄方式跟你的性格相符。說到這點⋯⋯

這不是一套「設定完就忘了它」的方法。有一些理財指南（不管是書籍、軟體、還是靈媒！）聲稱你可以把一切變成自動導航模式。那些方式用來繳帳單很好，但是YNAB講的不只有這些。假如你準備好打造自己想要的生活，你就必須不斷跟錢打交道。每次錢一入帳戶，你就要為那些錢制定計畫。在你花的每一筆消費背後，都必須有一個你是真的想要這樣花這些錢的決定。每次花錢花錯地方，你就得調整計畫，不要偏離目標。

我前面說了這跟金錢無關，事實上真的是如此。這跟你的優先順序有關，但你確實需要仔細留意你用錢做了什麼，這樣才能支持你的優先順序。YNAB要你目的非常明確地對待金錢（跟自動模式相反），但我認為只要你開始看見自己能實現的一切，你絕對不會在意付出那些額外的時間和心力。

在你打開銀行帳戶之前，我們先來認識即將顛覆你金錢觀的新觀念。

MEMO

緩解金錢壓力的小抄

我們的金錢壓力大部分都圍繞在兩個令人精神耗弱的問題：「我能嗎?」和「我應該嗎?」。忘了這兩個問題吧，因為它們永遠無法幫你做出好的金錢決定。反之，問問自己：我希望錢為我做些什麼？一旦做到這點，你的優先順序就會開始驅動你的選擇。

YNAB的四大法則是讓金錢帶你邁向理想人生的真正祕方。如果你擁抱預算，這些法則很快就會銘刻在你的大腦裡：

法則一：為每一塊錢分配工作

法則二：擁抱真實的支出

法則三：隨機應變

法則四：讓你的錢躺久一點

現在請準備——你將再也不會用同樣的方式看待金錢了。

第一章

看待金錢的新方式

如果你在乎金錢在乎到會來讀這本書，那麼你之前可能已經嘗試過編列預算。對大部分的人來說，那些預算表就像這樣：

我們打開一個Excel試算表，然後設定一排排的支出類別——我自己是這樣做的啦。接著，我們開始列出我們花錢做了什麼，但這沒有什麼秩序。我們列了租金、貸款、汽車、水電等必要的花費，然後再放進其他大大小小的支出。由於有人告訴我們這樣才是負責任的大人，所以我們還加了存款，甚至是度假基金。

列好這美麗的支出清單後，我們在每一個項目填入**我們自以為每個月會（或應該）花費的金額**。許多必要開銷都很好列，因為金額每次都一樣，而水電也不難列出一個頗為精準的數字。至於剩下的，我們就寫出感覺很慷慨但又不會太誇張的數字，畢竟這是預算，不是免費大放送。

完成後，我們會欣賞自己的傑作。雖然有一些漏網之魚，但這是我們列過最詳盡的預算了，因此我們打算每個月都好好遵循。知道未來的薪水究竟需要花在哪裡，感覺真是太棒了。

但是，在你完成那份美妙的試算表之後，發生了什麼

事？我猜你大概很快就放棄了。我的朋友妮琪和亞倫原本對他們的預算表感到很興奮，但是過了不到一個月，當他們發現自己實際的預算跟Excel表格裡的數字一點也不像時，他們便放棄了。數字的差異令他們太過震驚，於是他們決定等人生平靜一點之後，再重新編列預算（破梗：他們的人生根本沒有平靜的一天）。

我的鄰居莎莫告訴我，她放棄編預算是因為她從來沒有足夠的錢可以用在她樂觀規劃好的所有項目上。這件事讓她想要逃避自己的試算表，就跟想要逃避她前夫的媽媽一樣（這兩者都詭異地讓她感覺自己永遠「不夠好」）。她放棄了，認為不是預算沒有用，就是她不擅長理財。

如果這個情況聽起來很耳熟，別擔心，不是你的問題，是那套系統有瑕疵。

那種預算會沒有用，有幾個原因。第一，沒有排列優先順序的空間，所有項目都在爭奪你的金錢，沒有架構可以決定錢應該先用在哪裡。此外，也沒有架構可以確保重要的事物不會被落下。你或許有把帳單和生活必需品列為最優先的事物（希望你有），但是你要怎麼決定接下來錢要用在哪裡，尤其是如果你沒有錢給所有的項目？是要多拿點錢去繳學

貸，還是存錢度假？是要把錢放在女兒的大學基金，還是為她的夏令營存錢？真想崩潰大叫。

此外，這也沒有任何彈性。真實人生一跟你的預測不同，你就會自動失敗。誰想要那種壓力啊？

另一個很大的問題是，這其實不叫編列預算，這叫**預測**（forecasting）。預測就是你把目光看向未來，然後猜想之後的收入和支出。這當然可以很好玩，因為描繪自己想要的生活樣貌或我們想要成為的人，並不需要擔心這些數字行不行得通。在談未來的金錢時，我們很容易在度假基金投入300美元，或將買菜金設定成500五百美元。反向操作也可以看出問題所在：你可以發誓往後每個月將只會花50美元在買菜上，但現實生活從來沒這樣遵守過，導致你最後光是購買家庭必需品也感覺很糟。

預測和編列預算之間的差異，很像做白日夢和實際去做之間的差異。如果你有一天可以實現那些數字，那麼預測和*幻想*自己想要的生活就很好玩。但，假如你檢視現在擁有的金錢，然後根據對你來說最重要的東西擬定支出計畫呢？這就是YNAB在講的一切。

當你用這個角度檢視金錢——用你*當下擁有的金錢*安排

優先順序——整個局面就都變了。這下子，你不只是在猜測和期望，而是目的明確地對待金錢。你讓優先順序驅動自己如何花費手上的錢，不再去想未來的錢帶來的任何願景。

聽我說：我不是說你不該思考未來，畢竟預算的重點就是超前思考。但，你要確保自己不去預測*未來的錢*。那筆錢若能進入你的帳戶當然很好，但是你要確定的是你今天擁有的錢使你更接近目標就好。

這是一個非常重要的心態轉變。是從幻想一個更棒的人生，變成實際創造一個更棒的人生。一旦讓優先順序領導你，你就會發現很多金錢方面的焦慮——還有你以為跟金錢沒有任何關係的焦躁不安——都將很快消失。前方的濃霧消散了，你可以清清楚楚看見自己往哪裡走。

我跟茱莉剛開始編列預算時，就是這個樣子。我們從不知道怎麼有辦法建立一個有小孩的單一收入家庭，變成清清楚楚看見這件事要怎麼做到。我們的案例涉及相當極端的省錢之舉，但那是因為我們想要用微薄的收入做到很多事。我們當時的預算很簡單，我到現在都還記得。那時候，我們兩人一個月總共只賺了近1,900美元，我們分配到以下這些事物：

$350　房租（含水電，甚至還有室話！）

$120　買菜和雜貨

$15　每年的汽車註冊費（Registration）

$75　天然氣

$10　零用錢（我們一人$5元）

$25　外出用餐

$125　學校教科書

$130　健康保險費

$25　盥洗用品

$120　存錢買新車

$45　耶誕節

$550　存款（這樣我們的第一個寶寶誕生後，茱莉就能在家顧小孩，我也能完成學業）

　　你的預算可能跟我們的相去甚遠，但是同樣的原則都適用。只要檢視你今天手上有多少錢，然後決定你希望這些錢為你做什麼。這就是YNAB的第一條法則——為每一塊錢分配工作。（如果你已經在想手上還沒有的錢，別忘了，那個重大的心態轉變是，請把焦點只放在現在現在擁有的錢上面。

試試看。）

假設你的帳戶今天有400美元。你知道在你拿到下次的薪水前，有50美元的手機費和100美元的有線電視費會到期，所以你把這些費用記了下來。此外，你還約好要為剛開始約會的艾芙琳煮晚餐，但是你的冰箱只有六顆蛋、一罐半鮮奶油和一顆椰子，於是你分配100美元買晚餐食材和一束鮮花。你還剩下150美元，太好了，因為你明天要出去幫弟弟慶生。你覺得這樣很好，因為帳戶餘額看起來很充裕。可是，你的冰箱真的只剩六顆蛋、一罐半鮮奶油和一顆椰子，所以還需要買吃的給自己。你把剩下的錢分給買菜（100美元）和慶生（50美元），結果發現你還沒分配任何錢給努力繳清信用卡債的目標。帳單下個星期就到期，所以如果你想要實現這個月的還債目標，就得從400美元當中挪出錢來。

討厭，錢突然變得好少。別擔心，也別放棄預算——有這種稀缺感其實很好。這表示你看清了金錢的真面目，也就是金錢是有限的資源——這就是我說的心態轉變很重要的一部分。我們有多少錢其實不重要。稀缺感其實只是一種「真希望有更多」的感受。這是非常重要的一刻，因為稀缺感可能會令我們很想放棄，但如果我們後退一步，擁抱稀缺感，

我們就能做出好的決定。當我們明白金錢是有限的，花錢的時候目的就會更明確。稀缺感迫使我們非常明確地知道自己的優先順序，對我們來說最重要的事物會在這些時刻變得顯而易見。這可以為你的財務帶來重大的良好轉變。不過，我離題了。

挑戰來了：想要分得那400美元的每一件事物對你來說似乎全都同等重要。自從你跟艾芙琳因為都很愛看《頂尖主廚大對決》（*Top Chef*）而變得契合以來，你一直很想對她展現廚藝，所以你絕對不能取消那頓晚餐；跟家人相聚是你非常看重的事，所以你絕對不能錯過弟弟的生日；你不可能這個月剩下的日子都不吃不喝（真的不要嘗試）；去年你已經決定，結婚前真的要想辦法脫離債務（當時你甚至沒有交女朋友，像艾芙琳這樣的女孩也只是遙不可及的夢——所以可別搞砸了！）。該怎麼辦？

金錢是有限的，但你知道如果你能非常謹慎地分配支出，就可以將這400美元用在所有的優先事物。於是，你把跟艾芙琳的晚餐從海陸大餐更改為烤雞，同時買菜時把目標鎖定在特價商品。此外，你也在出門前先決定好弟弟的生日要花多少錢。你很樂意嚴格執行這筆生日預算，因為你知道花

更多錢就會讓你無法達成對你來說非常重要的還債目標。這些更動讓你多了150美元，可以用來還債。大成功！以下是預算的整體樣貌：

$400美元，第一版：

$50　手機費

$100 有線電視費

$100 晚餐約會

$100 買菜和雜貨

$50　外出慶生

$400美元，第二版：

$50　手機費

$100 有線電視費

$35　晚餐約會

$35　買菜和雜貨

$30　外出慶生

$150　卡債

若是沒有編預算，那400美元的帳戶餘額看起來好像很夠讓你活到下一筆進帳，於是你會盲目地花錢，不知道搭計程車去參加弟弟生日派對的錢，其實需要用來資助接下來兩週的午餐。你也不會知道，你為了討好艾芙琳所買的熟成牛排會讓你無法達成還債目標（知道的時候已經太遲了）。只要支出目的明確，你就能夠撥款給所有的優先項目，不至於出現財務窘境。

現在你懂得做出真正的金錢決定了，你的優先順序也變得一目了然。

是編預算，還是預測？

如果你才剛開始，編預算和預測之間的差異看起來可能很模糊。假如房租還有兩個星期才要繳，但是下一筆收入在那之前就會進帳，這樣依賴未來的收入算是預測嗎？當然不算，只要你不是等錢到手了才將房租列入預算就好。

假如你沒有足夠的錢替這個月剩下的日子編預算，那就根據以下兩點編部分預算：**一、事物的重要程度；**

二、事物的先後排序。

比方說,假設你有200美元,需要買菜,就先編列買菜的預算,再將兩週後才需要繳的房租列入預算。下一筆收入進帳後,付清房租和其他所有馬上到期的必要支出。假如這使你十分短缺和擔憂,那就發揮創意。需要更多錢,你可以省、可以賣、可以賺。這樣子你才能真正握有掌控權。

話雖如此,四大法則的目標是要讓你最終再也不需要把帳單的到期日跟薪資的進帳日掐得剛剛好。你可能感覺自己辦不到,但你一定可以的。只要你繼續把焦點放在優先事物上——然後繼續讀下去。

運用預算寫下未來

就如我前面所說的,放眼未來並沒有不好。YNAB的第二條法則——擁抱真實的支出——完全都在講未來預期的花費,而這對收入起伏很大的人來說特別重要。只要別搞混編列預算和預測這兩件事就好,一個是真實人生的規劃,一個

是建立在各種假設情況的猜想。預測是指「預支」你根本沒有的錢，假裝自己知道三個月後的各項支出究竟是多少。你知道事情大概不會那樣發展，預設完幻想的數字後你也沒有覺得比較開心。編預算是指把手上的錢根據優先順序安排，這會讓你很有信心，因為你知道它百分之百以事實為依據。

別擔心，「以事實為依據」不代表就要縮衣節食得很痛苦。其實正好相反，編預算會讓你看見金錢到底要去哪裡，如果沒有去到你希望的地方，你可以重新調整。所以，**如果你想去巴黎，就去巴黎！如果你覺得自己真的需要買一棟海邊小屋，就去買！** 但是，你要實際為這些事物編列預算，這樣才能很快實現夢想，而不是心裡希望有一天就能負擔得了，結果無數的歲月和金錢卻白白溜走。

菲爾和艾莉西在二〇一五年一月開始編列預算，將他們的「未來夢想」變成現實。艾莉西打算在那年春天辭掉工作，轉成自由接案的網頁設計師，並且能多花點時間陪伴他們三歲的兒子傑克。我很喜歡他們的故事，因為這清楚顯示了編預算如何在當下幫助他們，同時也讓他們充滿自信地看向未來。在艾莉西有膽辭掉朝九晚五的工作之前，她想知道花了兩年存到的兩萬美元「自由工作者基金」可以支撐他們位於

波士頓郊區的生活方式多久。他們的目標是靠儲蓄負擔所有支出，因為他們不希望假定菲爾在廣告公司當設計師的薪水永遠都在。艾莉西辭職後，假如菲爾的收入因為裁員潮而突然消失，他們就會陷入財務危機。

他們之前沒有編過預算，但是在存了兩年的自由工作基金後，他們十分了解自己的支出模式。於是，他們替固定支出和必要支出編了預算，外加剩餘幾筆對他們來說很重要的附加支出：每週一次約會行程、度假基金、幼兒音樂班和一點給予喘息空間的雜項支出。還有其他新支出也即將來臨，包括傑克的學齡前學費和新暖氣每個月的分期付款（買房子附贈的暖氣上個月壞掉了）。

當菲爾和艾莉西發現，兩萬美元的自由工作基金只能應付三個月支出後，他們的心都涼了。他們真的很希望安心地知道，接下來六個月無論發生什麼事，他們的存款都夠用，這樣艾莉西才有足夠的時間建立客群，菲爾的薪水也可以存起來撥款給更後面的月份。

他們知道有些東西必須改變，也願意調整自己的生活方式，讓艾莉西能夠成為自由工作者。父母親有其中一人不用被綁在辦公室裡，對他們來說很重要。他們需要這樣的彈

性，以便在傑克秋天開始上學前班之後，艾莉西可以接送他上下學。她也很期待能跟傑克有更多時間相處，不必困在辦公室裡。他們先前十分幸運，有艾莉西的父母免費全天候照顧傑克。學齡前的學費是很大筆的支出，在艾莉西的穩定收入即將消失前重創了他們的預算。然而，他們決心實現「艾莉西轉自由工作者」的目標。

於是，他們重新審視預算，認真排序優先事物，在短短幾分鐘內將每月支出削減了870美元：外出用餐減少250美元、保母減少150美元，因為他們雖然還是會保留約會行程，但決定一個月有兩個星期五等傑克上床睡覺後，在家自己煮一頓特別的晚餐。他們不介意將150美元的有線電視方案降級為80美元，因為他們鮮少觀看其他多出來的頻道（省下70美元）。此外，他們雖然很驕傲自己每個月都有存400美元到傑克的大學教育基金裡，但他們同意這個部分可以先行暫停，等家裡的財務狀況更穩定了再說。

刪減這些支出後，他們每個月另外增加150美元的支出，為修繕地下室存錢。上次暴雨期間，他們發現地基的裂縫會漏水，並被告知明年必須要把裂縫補好。他們很害怕萬一再來一場暴雨，就得立刻面臨修繕。他們不想在預算中多添一

筆支出，特別是現在這個時候，但是臨時要湊出全額修繕費會更糟糕。分期存款使他們減輕許多壓力。

若想靠兩萬美元撐過整整六個月，他們還得更加努力，但是情況感覺已經變樂觀了，他們看得見通往目標的道路。

這看起來很像是預測，但其實存在一個關鍵差異：艾莉西和菲爾只用他們現有的兩萬美元擬定計畫，沒有設想不確定的數字，而是根據自己的優先順序為帳戶裡真實存在的金錢制定具體的計畫。他們一旦知道這筆錢需要做什麼，才能讓他們過上想要的生活，改變就沒有他們以為的那麼困難。知道自己有足夠的錢購買往後六個月的食物，使他們大幅減少頻繁外出用餐的情形。為房貸多存點錢感覺比花錢在六個不同的電視頻道還要值得。編列預算幫助他們清清楚楚聚焦在優先事物上，現在那些優先事物決定了他們的每一筆花費。

選對時機傾聽內心的罪惡感

用自己的錢想做什麼就做什麼，這個概念或許會讓某些人不太舒服。罪惡感可能很快就浮現，因為我們擔心自己決定的優先順序可能不是最好的用錢方式。當你認為

「聰明人」會選擇把錢用來投資股市，這樣要怎麼相信自己存了（接著又花了）好幾千美元在一個夢想中的壁爐或者到迪士尼樂園度假一週是合理的？就連小選擇也難以倖免。你真的應該把錢花在每月一次的足部護理，或是跟朋友吃午餐嗎？這要視情況而定。

假如你出現罪惡感，那通常是因為：

1. 你內心深處知道有更重要的事物需要你的關注；或

2. 你讓別人的期待影響了自己如何過生活的選擇。

編預算和探索內心，這個時候很快就出現了交叉點，前者最後甚至變成後者。因為這點，下一章會全部用來幫你找出自己的優先順序。除非深入內心找出對自己真正重要的東西，否則你對自己的金錢決定就不可能感到自信。關掉內心的批判聲音、去做讓自己快樂的事，是需要努力的，但是你一旦鼓起勇氣做到這一點，就永遠不會想要回頭了。

過著自己想要的生活後就會是這樣

開始依循YNAB的四大法則之後，會發生一件有趣的事。你擁有的每一塊錢似乎都充滿電力，你感覺完全掌控著自己的金錢與人生。

一杯拿鐵不再只是一杯拿鐵，而是財務自由（這是真的，聽我把話說完）。

當你是根據預算花錢，那杯拿鐵是你因為自己想要也能夠購買，所以才決定購買的，你就完全不會有罪惡感。假如你選擇省錢（或者應該說，選擇不要花錢），那你這麼做也是有著堅定的理由，不只是因為「拿鐵好貴」。所以，你還是不會有罪惡感。

當你捫心自問「*我希望錢為我做些什麼？*」你是在決定要如何運用金錢才能更接近自己想要的人生。假如出門喝杯咖啡可以為你的一天帶來某種喜悅，你不希望錯過，那就在預算中建立一個「咖啡」類別，買咖啡時不要感到內疚！只要確定那杯咖啡真的能夠幫助你更接近目標就好。或許，你認定跟同事擁有那幾分鐘的社交時間對你來說很重要；也或

許，在混亂的一天之中能騰出十五分鐘享受喜愛的事物，對你來說意義重大。

目標一旦確立好了，就能支持你每一次的花費行為。假如你決定，擁有兩萬美元的緊急預備金令你感到安心，你想要每個月存一千美元直到達成目標，那你就會很樂意調整自己的花錢習慣，做到這件事情。或許你的省錢策略有一項就是不再喝拿鐵，但是**如果你熱愛拿鐵**，也不是非得省這筆錢不可。

當然，為你的金錢安排計畫不只有挪一筆錢解決咖啡因癮頭這麼簡單而已。這可以讓你掌控自己的金錢，不讓金錢（或缺錢的情況）有機會控制你。這就是第二條法則「擁抱真實的支出」背後的推手。只要將不常出現的大筆支出分解成經常性的小型里程碑，你就可以擺脫往往使我們措手不及的意外費用。突然間，那些意外不再是意外。

預算幫助菲爾和艾莉西啟動艾莉西的無辦公室人生。他們賦予離開（或留在）戶頭的每一塊錢更加明確的目的，因此比起原本的支出習慣，現在他們的自由工作者基金得以多延續好幾個月。由於艾莉西不再擔憂他們該如何過活，她便有了清晰的頭腦可以把更多心力用來建立客群。這表示，她

甚至不需要依賴自由工作者基金很久。

　　如果你不做規劃，就會隨便把錢花在出現在你面前的任何事物——無論是帳單或引起你物慾的東西——然後默默期待塵埃落定後還能剩下一點錢。反之，有了預算，你就會在花錢之前先想好支出決定。你可以為計畫以外的任何支出提早計劃，就算那「計畫以外的支出」是玩樂性質。比方說，衝動消費常常會遭到非難，但是誰說一定得這樣？或許偶爾購買清倉大拍賣的商品會帶給你一種爽感，你很擔心編列預算就表示你午休時間再也不能到服飾店翻找特價品。但，如果所有的必要支出都規劃好了，還有剩餘的預算，何不把每個月幾次的衝動購物也列入預算之中？這樣做的額外好處是，花這筆錢時，並不會讓你感到罪惡，因為它的實際目的就是資助這些購物之旅。***這筆錢存在的原因就是這個！*** 假如這個月你沒有花任何錢在「衝動購物」這個類別，你會知道那是因為你刻意把這筆錢用在其他事物——對你來說更重要的其他優先事物。你擁有控制權。

　　當你在決定你希望錢為你做些什麼時，你不會再想「我負擔得了這個嗎？」那是很好的問題，因為你的確需要確定花錢之前已經有錢可花，但更重要的問題是：***這會使我更接***

*近目標*嗎？如果這才是指引你做出金錢決定的理由，每一塊錢都會變得強大許多。

準備迎接財務自由

這個新的YNAB金錢觀有很多好處。編預算和達成目標所能帶來的欣快感很少消退。每次我們為金錢擬定計畫並堅持到底，或者碰到預料之外的事物必須改變方針時，都會感覺棒透了。那是因為，大部分的人都是等到壓力消失了，才發覺金錢帶給自己多大的壓力。

當焦慮感減輕後，有一種美妙的感受會取而代之，那就是平靜。想像一下帳單一來馬上繳掉的感覺，因為你本來就有那筆錢等著繳納帳單（我自己回到家看到一疊帳單其實蠻爽的，因為我可以當場繳掉）。想像一下購物不帶罪惡感、省錢卻不苦悶、能夠規劃讓自己快樂的生活，是什麼樣的感覺。看似瘋狂的夢想突然不再瘋狂，因為你有辦法把它成真。

對我來說，這才叫財務自由，讓你就算沒有堆積如山的錢財，也永遠不必再擔心錢。你不用跟唐老鴨的舅舅一樣悠

游在金幣海，也能感受到財務自由（不過如果那是你的目標，就去做吧）。你只是需要為你的金錢制定計畫，讓它做到你希望它做的事。

一句話說明這個全新的金錢觀

忘了未來的錢財，利用今天的錢財寫下你的未來。

第二章

法則一——
為每一塊錢
分配工作

第一條法則「為每一塊錢分配工作」聽起來很簡單，事實也的確如此，只要檢查銀行帳戶餘額，然後分配工作給你擁有的每一塊錢，就好了。從你開始做這件事的那一刻起，你就是在編列預算。每分配一個「工作」，你都在回答一個問題：*我希望錢為我做些什麼？*

然而，在你開始指使自己的金錢之前，你必須決定有哪些事需要完成。這等於是在替自己的錢撰寫待辦清單。如果你從來不曾這麼積極對待你的金錢，你很快就會看見這會如何改變你對手上每一塊錢的觀點。

先從生存開始。我知道我說過我不會告訴你怎麼使用你自己的錢，但是現在我要自打嘴巴，告訴你如果基本的身心健康不是你最優先的事物，那你應該改變計畫。假如你不知道你能否負擔使自己在社會上正常運作的基本花費，那趟郵輪之旅就只是痴人說夢。

寫下你的金錢「必須」負擔的所有花費。把焦點放在維持生活正常運行所需完成的支出，例如食、住、貸款、學雜費和任何必要的工作花費，像是通勤費或在家工作需要的網路費等。YNAB人莉雅和亞當把以下這些類別當做他們的核心支出：

房租

天然氣

電費

網路

手機

買菜雜貨／衛浴用品

車貸

汽油

修車

車險

壽險

學貸

婚禮貸款

　　法則一很快就變得很個人化。我們全都需要從必要支出開始，但是就連必要支出也存在很大的個別差異。或許你的房貸已經繳清，而且你都是走路上班，那麼你的必要支出就會跟莉雅和亞當的很不一樣。

　　優先清單列好後，開始分配工作。就從今天開始，不管你的銀行帳戶有多少錢。問問自己：下一次領到薪水前，**我**

*需要這筆錢做些什麼？*房租或房貸這星期該繳了嗎？信用卡帳單？學費？

一樣，先撥款給必要支出，再做別的事。假如這是你編列的第一筆預算，先別想撥款給其他支出——還不要。你只要確保你有挪出足夠的錢讓冰箱有食物、頭上有屋頂、討債公司不會找上門來就好。知道必要支出都沒問題了，規劃其他支出才會好玩（除非你很好奇家裡會不會被斷電；我大學的時候就認識一個這樣的人）。

撥款給必要支出後，就換剩下的優先事物了。此時，編列預算變得相當令人興奮，你很快就會從繳納帳單跳到規劃你想要的生活。你再也不會隨興地花錢或省錢，而是會帶著明確目的做這些事，確保對你來說最重要的事物會優先用到錢。

質疑每一個預設心理

在思考有哪些必要支出時，要記住你對這些支出的掌控度可能比你以為的還大。有些事物彈性不大，例如債務，但

你其實還是擁有很大的自由，可以發揮創意，針對自己想過的生活設計支出。

首先，你要確定自己有把真正的「**責任型**」支出跟喬裝成必要支出的習慣區隔開來。有時候，這兩者很難區別。只要記得，習慣是在緊要關頭可以妥協的事物──但必要支出不是。如果真的需要，你其實可以想出另一個辦法取代買午餐這項花費。至於房租或房貸？這就沒那麼容易避掉了，除非搬回去跟父母同住是選項之一，不過這也沒什麼好丟臉的。

我們有時會落入一種思維陷阱，認為某些支出就是那樣，但是真實情況很少是如此。你幾乎永遠都能想到辦法縮減支出。試著質疑每一個預設心理，可以對你的預算帶來很大的影響。趁這個時候，你也可以想想哪些改變可能會改善生活品質，畢竟編列預算就是為了做出好的改變。

車子是必要開銷嗎？或許現在來說是的，因為你需要開車上班，而大眾運輸工具並不可行。但是，你能不能搬到離工作近一點的地方，改成騎腳踏車或走路上班？既然要搬家，你能不能搬到比較小、比較便宜的房子，同時又能減少使用暖氣和冷氣調節溫度的成本？假如你有兩輛車，一輛是不是就夠了？這麼龐大的改變聽起來或許很瘋狂，但也或許

不會。一切都取決於你心目中的美好人生是什麼樣子。

我跟茉莉在第六個孩子菲兒出生後，一家人就搬進一間比較小的房子。在看第一間房子時，我們深信自己需要有一個很大的飯廳，因為我們喜歡招待客人。結果，在猶他州，有大飯廳的房子肯定都有多餘的臥房和超大的客廳。我們的家有很多很棒的優點——鄰居和樂、去哪裡都很近，但我們發覺自己不需要這麼大的空間，畢竟舉辦派對時，大家都擠到廚房，而我們的小孩也喜歡共用臥房彼此陪伴（等他們十幾歲的時候再問一次，但是到時候他們只得自己想辦法）。我們「犧牲」了房屋的大小，但是新家也附帶了其他對我們來說很重要的無形條件：車流較少、隱私較多，還能看見壯麗的猶他谷景觀。成本降低且生活品質提高，對我們來說是賺到了。

質疑預設心理不一定就是要做出巨大的人生轉變，即使只付出小小的努力，也可以幫你省到錢，不會打亂日常生活。看看帳單。或許你的手機是必要支出，因為工作需要用到，但是你能不能換成比較便宜的資費方案？如果你在家都能夠連接Wi-Fi，也許就可以。此外，也要注意跟其他優先事物綁在一起的某些帳單，像是你真的需要Netflix、Disney+和

有線電視三種影視平臺嗎？也許不需要，可是如果你把這些全都列入電視費，就很容易沒注意到多出來的開銷。

這不是叫你剝奪自己，重點是要質疑你對預設必要支出的慣性反應。往後退一步，你就能完全看清自己的反應。你或許會發現自己真的有需要花這麼多錢，但是你往往會驚訝地發現很多支出其實都有彈性。

試著把壓力當作你的檢測標準。假如高額帳單令你充滿壓力，就想辦法減少費用，直到你賺的錢跟你花的錢之間的差額令你感到安心。但是，要持續觀察，以免做過頭了。假如你什麼錢也不敢花，到了令你感覺被剝奪的程度，那樣也會帶來壓力。找到平衡點需要花點時間，而平衡點也是有可能改變的。總之，試著察覺自己的壓力值，察覺你的錢有多大的程度真正做到了你希望它做到的目標，然後適時調整。

提前破梗：擁抱真實的支出

說到必要支出，不能不提前講到第二條法則——擁抱真實的支出。第三章會深入探討第二條法則，現在你只需要知

道，必要支出不僅是包含每月帳單和必需品——體認到這一點對我和茉莉來說非常重要，對你來說也會是如此。在你把錢挪給其他優先事物之前，撥一些專款給長遠的必要支出是很重要的。想想每六個月就默默出現的車險帳單，或每兩個月就會溜進信箱的水費帳單[1]，這些總是來得很突然，總是在你以為自己略勝一籌的時候冒出來。

第二條法則要你把這些大筆支出分攤成小筆的每月支出，這樣帳單出現時，你才會已經做好準備。這麼做之後，大筆支出感覺就沒那麼龐大，你也永遠不會措手不及。老實說吧，你其實知道車險帳單何時到期，只是你在帳單出現前不會去想它。但，帳單總是在糟糕的時機現身。

我們把這些稱作「真實支出」，因為這些囊括了讓你的生活正常運作的每一筆開銷。在列出這份清單時，要想想定期帳單之外的花費，如汽車與房屋修繕或就醫看診的費用。這些支出通常是人們深信編列預算對他們不管用的原因。他們會想：「我要怎麼替根本不知會花多少錢或何時會花到錢的東

1　編按：美國水電費昂貴，水費按四級階梯式計價，在一級以下較為便宜。在臺灣一度水不到臺幣10元，美國約是臺灣的三倍多。美國車險通常是六個月疊繳一期，一般無事故的車主，約是25,000元臺幣上下。

西編列預算？！」沒錯，你不可能知道細節，但你確實知道這些花費一定會出現，也知道費用一定會超過零元。每個月存一點，這些費用出現時就不會像是一場危機。這樣一來，當你四歲的孩子星期天晚上跌倒、嘴唇裂開時，那300美元的緊急就醫費用就不會動到你為秋季紅葉之旅省下的基金。此外（抖），你也不必刷卡，告訴自己之後再想辦法。這是因為，你已經將醫藥費當作核心必要支出，事先存起來，就算這不是固定的月支出，你也準備好了。

要緊的事優先

假如你從來都沒有信心能支付必要開銷，能走到這一步感覺絕對會很棒。但，這還只是剛開始。必要支出搞定之後，你就可以開始想想排在最前面的優先事物了。你一樣要問：*我希望錢為我做些什麼？*只是現在，你已脫離生存模式，開始制定目標設計你想要過的生活。

假如撥款給必要支出後已經所剩無幾，別擔心，這從很多方面來說其實是好事。首先，你的財務不再是個黑盒子。

你知道自己是否支出少於收入，並能因此做出有憑有據的花費決定。你不會回答不出來「**我能夠負擔得了嗎？**」的問題，儘管你可能不喜歡那個答案。你會很想回到開開心心的無知狀態，但請你撐住。知道自己的財務狀況就是一種進步了，編列預算會讓你更靠近你想到達的地方。

寫下你的生活品質目標，即使你現在還沒有錢可以分配給它們。你很快就能辦到了，到那一刻，你便可以把那些錢用在你想要用的地方。

記住：撥款給必要支出之後，你就可以自由自在地用自己的錢，做什麼都可以！不要有壓力，對吧？很有意思，我們不覺得隨心所欲地花錢有什麼問題，但是一想到要為自己的金錢好好想出一個有意義的計畫，就感到癱瘓無力。如果我們超級忙碌，我們會馬上選擇叫外送；如果服飾店在大特價，我們會覺得不用30美元買走那件原價100美元的上衣，簡直是瘋了。可是，要決定是否該繳清信用卡或存緊急預備金時？我們馬上進入驚慌失措模式。

並不是所有人都如此，但是在試著釐清大型的優先順序時，確實常常卡住思緒。如果你覺得很迷惘，可以從自己的感受中尋找答案。花錢或不花錢在某些事物上，給你的感覺

是什麼？別擔心，我不會叫你躺在諮商師的沙發上，聊聊自己的感受。但是，留意自己對金錢的情緒反應是值得的，這些反應可能點出你對事物的優先順序。

對莉雅和亞當而言，付清婚禮貸款感覺很急迫，因此這被列入他們的「必要支出」清單。實際上他們也是對的，因為他們每個月確實得付給信用卡公司最低的應繳金額。但，對他們更重要的是，看著那一萬美元的餘額總會讓莉雅的喉頭一緊，也讓亞當晚上睡不著覺，不斷想他們在第一個孩子出生前有沒有辦法繳清貸款。回頭想想，他們真希望自己選擇了一場比較儉省的婚禮，但是當時的他們太年輕又太興奮（比他們開始編列預算前年輕了整整一歲！），而且豪華轎車和生蠔自助吧的吸引力實在令他們無法抵抗。他們很愛自己的婚禮，但後續那陰魂不散的帳單實在令他們心煩意亂。因此，繳清這筆貸款對他們來說，是不可妥協的優先事物。

莉雅和亞當的婚禮貸款無疑是個明顯的壓力源，如果你有背負消費型債務，可能也會有同樣的感受。我在後面會說到很多我對債務的想法，但是現在你只要想想債務帶來的感受即可。請設想，每個月須砸一大筆錢繳貸款你有什麼感受。這會帶給你成就感嗎？就好像你正一點一點減輕肩上的

重擔？還是說，你會感到充滿壓力，因為債款已吃掉了你大部分的收入，使你無法做到其他事？

　　或許你很討厭債務，但是你也很討厭債務還清之前，沒辦法每個月為孩子的大學學費存一點錢。這種內心衝突便揭示了答案：兩者都撥一點錢就好。我個人並不認為需要為孩子存大學學費（後面會講到更多），也無法忍受債務（就連我自己的房貸也一樣），所以我會把用很猛的速度繳清餘額當成一項優先事物。兩種方法都沒有對錯，挑一個能讓你最平靜的就好。

　　另外，別忘了編列預算不只是為了減輕負擔，更大的目標也是幫助你邁向自己想過的生活，所以你也要將讓你內心喜悅和平靜的事物擺在優先位置。有什麼會使你感覺自己過著充實快樂的人生？你想要旅行？跟家人相處？裝潢你的家？或者你對平靜快樂的定義，就是知道自己每週都能毫無罪惡感地外出用餐一次。花點時間想想讓你快樂的事物有哪些，**把這些事都放進預算中**——即使這些現在只是充滿野心的筆記，還沒有錢可以挪給它們。

優先排序的小技巧

有一個情況很可能發生：你已經撥款給必要支出，很開心地看見戶頭還剩餘一點錢（如果你還沒達到這一步，編列預算幾個月之後就會有了）。

很好！你終於可以把錢挪給你想做的事情。你想做的事可多了，或許你一直超級想要汰換後院的老舊柵欄，裝一個鞦韆架，因為你希望後院是孩子和他們的朋友可以一起玩的好地方。可是，你也一直想帶他們出去玩。雖然你很喜歡自己居住的小鎮，但你希望孩子明白外頭還有很大的世界可以探索。

該怎麼辦？

你該花錢裝修後院，還是出去旅行？

你能夠負擔其中一項嗎？或許「多」出來的那點錢並沒有多出來，因為你應該把它用來存退休金或拿去做其他你可能忘了的聰明事。

有時候，光是搞清楚優先順序就可能令人難以招架，尤其是你不習慣這麼做的話。好消息是，答案不分對錯，但你

還是需要做決定。

如果你在好幾個不同的選項之間猶豫不決，先停下來，進行深度優先排序。什麼對你比較重要？是體驗？那就去度假。是堅固？那就修繕後院。是養胖儲蓄帳戶？那就存錢。

也許你還是很不以為然。要將自己從此時此刻抽離很不容易，所以可以試著這麼做：想像未來的自己完成了清單的每一件事，哪一件事給你的感覺比較好？看著孩子和他們的朋友在後院玩耍？全家人一起在阿姆斯特丹騎單車？知道你有幫孩子負擔大學學費的安全感？又或者，你可以想像未來的自己對好朋友解釋你為什麼選擇其中一件事，而非另外一件事，這感覺起來如何？

假如你還是不確定，請因為你能有這種困擾而感到開心，並告訴自己情況會變得更容易。編列預算和決定優先順序就像在訓練肌肉，訓練得越久，你會越擅長。

你也會開始佩服自己能夠聰明地省錢和花錢，以便更快得到你想要的東西。原本看似只能二選一的決定，現在變成一個待解的謎團。假如進行深度優先排序之後，你發現白白胖胖的大學儲蓄帳戶、適合玩耍的後院及全家遊對你來說全都同等重要，那你就一定會找到方法實現每一件事，而且說

不定比你以為的還快。比方說，你可以買DIY鞦韆組或甚至買二手鞦韆來整理，同時巧妙利用一些旅遊省錢祕訣，使旅費更便宜，多出來的錢可以全部拿來存大學學費。

最棒的地方是，這絕不會是你最後一次擁有多餘的錢。越是努力編列預算，你手上剩下的錢會越多。你也會越來越清楚你希望這些錢為你做些什麼。

處理債務

關於債務我有很多話想說，但是其實也很少。我可以用四個字總結你所需要知道的一切：

擺脫債務。

我說的大部分是在針對消費型債務，原因如下：一旦你開始編列預算並且極度聚焦在自己的優先順序上時，你就會漸漸邁向現在和未來的目標。你已經確立對你來說最重要的事物，也在擬定計畫得到它們，實在是太棒了！

但是，等等。假如你有債務，你的錢有一部分已經被占走。這就表示，債務奪走了你撥款給當下優先事物的部分能力。

最糟的地方是，從大部分的例子來說，消費型債務其實是一堆我們並不真正重視的消費所造成的結果。當然，不是所有的債務都是如此，因為有時候人生會出現插曲，或者有緊急醫療狀況或其他無法避免的必要花費，使我們陷入債務。但很多時候，信用卡餘額是來自對我們來說沒什麼意義的事物，由我們不記得的午餐、沒在穿的新衣、不喜歡的電影累積而成。這導致我們無法實現今天為自己設下的目標。

　　跟預算的一切事物一樣，優先順序會影響你付清債務的速度。如果你不在意慢慢（真的很慢地）還債，你可以只付最低應繳金額，因為這是不可妥協的必要支出。我痛恨任何債務，所以我會很認真地——好吧，是很狂熱地——以最快的速度付清任何餘額。

　　我不會叫你發瘋似地繳納消費型債務，畢竟這還是取決於你（如果那些嚇人的利息無法激勵你做出行動，我說什麼也沒用）。但是別忘了，你被過去的決定牽絆得越久，就越沒辦法撥款給現在的優先事物。放下過去的唯一方法，就是消滅那些債務。

只有你才能做這些決定

大部分的理財書都會在這時候告訴你怎麼使用自己的錢，比方說：從利率最高的信用卡開始繳起；投資某某指數型基金；無論如何都要存退休基金；債務消失前不要出門度假。

很多人叫我跟他們說該怎麼做。能怪他們嗎？畢竟人生若有一本教學手冊會輕鬆得多。但，我不能這樣做。這件事有些地方就是必須由你自己弄清楚。對，我前一頁才剛囉嗦了一下繳清債務這件事，但我只會說那麼多。只有你才能根據自己的優先順序和情況，知道什麼對你是好的。我向你保證，只要深入探索內心，你自己做的決定絕對會比我能給你的按部就班指令還要強大許多。那會是你獨特的計畫，比較容易堅持下去。

我對使用百分比的理財建議特別不信任，也就是居住方面的支出應該占收入的X％、買菜Y％、退休基金Z％等等。光是居住地區的不同，就會讓大部分的概略數字完全不管用了（想想愛荷華州和舊金山的房租）。此外，這方法也沒考量

到很多互有關聯的人生選擇。或許你的房租超出「建議的百分比」，但是你沒有車，而且都騎腳踏車上班。砰！車險、車貸、油錢和健身房會員都不用列入預算了。這只是這種制式建議幾乎無法發揮成效的其中一個可能。

當然，我永遠都會叫你先撥款給必要支出；我對債務有很多意見；四大法則可適用於任何財務狀況。但，這些法則不會告訴你在未來的某個時間點，你究竟要如何運用薪水的百分之二十。細節取決於你和你希望擁有的生活。

列好必要支出（包括盡快讓婚禮貸款消失）之後，莉雅和亞當決定他們最重要的優先事物有這些：

旅行：莉雅來自紐約，亞當來自澳洲，他們是在旅行途中結識的，所以一直都知道旅行會是他們共同生活的一大部分。在最低限度之下，他們決定每年至少要努力挪出3000美元造訪亞當位於墨爾本的家人。他跟父母手足感情很好，想到沒有返家之旅可以盼望，就讓他很難過。家人對莉雅來說也很重要，因此她仰賴這些旅程跟姻親維繫感情。他們希望能挪出更多錢，這樣每年都能拜訪一個新國家，但是墨爾本之旅牽涉的情感使這變得不可妥協。

健康／運動：這包括健身房會費、亞當每幾個月就要買

一雙新球鞋的基金，還有其他健身相關的花費。他們決定這項花費不可妥協，因為他們非常認真看待自己的健康。亞當也有進行馬拉松訓練，他們都同意這是值得資助的重要目標。

緊急預備金呢？談到預算最後往往會談到緊急預備金，但是挪一些錢存起來只辛苦了一半而已。你的每一塊錢都需要分到工作。對莉雅來說，手上擁有足夠的錢，萬一兩個人都丟了工作還可以負擔至少六個月的開銷，這樣她才會安心。亞當沒那麼擔心，但他知道若沒有存下這些錢，莉雅會很焦慮。大部分的人都稱這個是「緊急預備金」，但是在YNAB，我們不是這樣想。我們認為，這只是分配給這筆金錢的特定工作，就像這個月的買菜或約會費用一樣。我們也把這視為讓你的錢躺久一點的錢，也就是第四條法則，這我會在第五章詳細說明。現在，只需要知道莉雅和亞當把撥款給未來數個月當成很重要的優先事物，目標是手上擁有接下來六個月所有開銷的費用。

房屋頭期款：這個目標讓他們特別難以面對婚禮貸款。婚禮結束之後，莉雅和亞當開始想像每天有小孩的日子，才發覺自己原來很想要有一棟房子。他們很幸運，租到租金低於市價的一房公寓，所以他們對此十分滿意，但他們也很希

望在混亂的生活和孩子來臨前擁有自己的前廊和後院。

莉雅和亞當的預算還包含了以下這幾個彈性目標。需要時，他們會縮減這些花費，等較優先的事物都完成了再放寬：

生日／節日：莉雅和亞當每個月都會存一點點錢用來買禮物，這樣在特殊的日子才會有所準備（下一章會針對這個策略談到更多）。由於這項支出彈性很大，如果沒有足夠的錢挪給較優先的事物，這是他們最先省略的類別之一。

餐廳／外出：這是較不優先的事物。比起外送壽司，他們更在乎造訪墨爾本和還清婚禮貸款這兩件事。他們很喜歡跟朋友出門，但他們寧可去衝浪或爬山，而不是去酒吧，因此他們大部分的娛樂都不用花錢。假如有更加優先的事物必須完成，他們會完全不上餐廳，改去走走步道。

娛樂費：他們每人都有一些錢可以自行花用，對方絕對不能干涉。我推薦每個人都要有這個類別（第五章會講到更多），這會賦予你自由，在毫無罪惡感的情況下給自己一點小小的放縱，同時又不超出預算。

衣物：這是另外一個他們會挪出幾百美元的類別，在花光之前完全不會有所顧慮。假如最重要的優先事物需要贊

助，他們可以從衣物或這些類別當中的任何一個輕鬆挪用款項，用來補貼更重要的目標。

莉雅和亞當離無債一身輕、全球趴趴走的目標還很遠，但現在他們可以看見前進的道路，而且這條路是百分之百為他們的生活方式和優先順序量身打造的。當看見信用卡餘額覺得壓力很大時，只要知道墨爾本的旅費會在六月之前湊齊，他們就會開心起來，人生看起來不是一片黑暗。

別的預算編列法可能會說他們很蠢，信用卡的年利率高達15%[2]，還敢花錢旅行，或者說他們應該要忘了買房這件事，先把債務還清再說。你已經知道我是債務清償狂人，但我並不建議你為此犧牲（真正的！）快樂。假如預算規劃要求他們忽略對他們而言可以構成美好生活的其他優先事物，莉雅和亞當恐怕沒辦法堅持很久。你必須去做對你好的事情，不管是當下或長遠的未來。你可能會很想遵循別人的指令，但是別人根本不了解你和你的生活。相信自己，你有能力找出最適合你的東西。

2　編按：在臺灣是5-15%，15%是金管會規定的上限，如果每個月都有循環帳務就會產生利息。

看待信用卡的新觀點

　　你要把第一條法則用在你現在購買的事物上，即使你是用信用卡支付的。什麼？你覺得繳納信用卡帳單本身是第一條法則的職責？沒有那麼簡單。如果你的信用卡餘額跟莉雅和亞當一樣多，第一條法則就是要你分配還款，減輕卡債。但是，你也需要改變之後用信用卡消費的方式，避免日後又繼續產生債務。這對於有在使用信用卡的每個人來說都是如此，不管你還有餘額未繳，或總是全額繳清。

　　別擔心，我絕不會叫你剪了你的信用卡。我知道大部分的預算法都會鼓勵你剪掉那些卡，認為信用卡利率這麼高，又一直誘惑你，要你花你根本沒有的錢，是大部分的人陷入財務危機的原因。

　　說得有道理，但我並不認同。這是因為，問題不在信用卡，而是在我們使用信用卡的方式。只要你拿信用卡花的錢本來就已經在你的戶頭，使用信用卡就沒有問題。因為，那些錢是你**本來就編入的預算**。但是等一下，這跟帳單到期時有錢可以繳納是不一樣的。付得出帳單是個很棒的開始，但

是如果到期時你只夠繳納**本期應繳的最低金額**，那麼你有可能還是花了比你實際擁有的金錢還多的數字。

在YNAB，我們常常說到所謂的「信用卡浮差」（Credit Card Float）。假如你出現「浮差」，意思是你要仰賴下個月的收入支付這個月的花費。要看出浮差並不容易，因為被困在這個循環裡的人，大部分都很自豪自己能每個月準時付清信用卡全額。他們從來不需要繳利息，還可以得到信用卡給予的回饋，像是哩程數、現金或一匹免費的小馬。如果你是這種人，那麼你的財務狀況比大部分人還要好。不過，就讓我們仔細檢視這種模式通常是怎麼運作的。

假設你十月用信用卡刷了一堆東西，這個月的帳單結帳日是十月三十日，繳款截止日是十一月三十日。同一時間，你在十一月仍持續刷卡消費。十一月的帳單要到十二月才到期。考考你：十月的花費在十一月三十日到期時，你能把信用卡該繳的金額歸零嗎？換句話說，你能付清十月的花費「以及」十一月花的錢嗎？還是說你得等到十二月領薪水了，才能付清這筆差額？

假如你的戶頭沒有足夠的錢把信用卡該繳的金額歸零，你就有信用卡浮差，但這可不像遊樂園的漂漂河那麼好玩。

下面的圖表說明了這點。

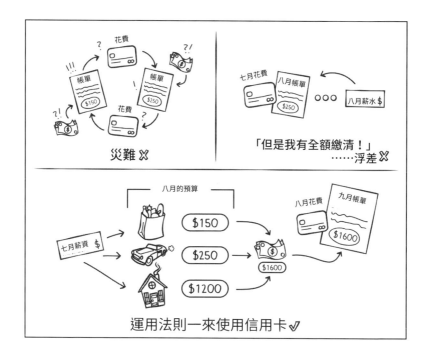

信用卡浮差通常不會造成傷害，因為你都有領到薪水、繳納本期應繳金額，然後繼續過日子。可是，要是下一筆收入不管什麼原因，偏偏沒有出現呢？或者有一筆大開銷突然出現，吃掉了收入的一部分？這樣你還能用手上的錢支付帳單嗎？

無論你是出現浮差，或是身陷卡債，YNAB的信用卡運用策略可以讓你不再花費手上沒有的金錢。這個方法很簡單：在刷卡之前，確定戶頭裡有那筆錢，且預算有編列這項支出。當你這麼做的時候，刷卡純粹是因為你**想要**（好耶，可以累積點數了！），而不是因為**不得不**（下次薪水入帳我就能支付這筆帳單了！）。所以，你其實是把它當成簽帳卡在使用，唯一的差別是，錢在繳納帳單之前都還留在你的帳戶。你可以在當月的任何一天繳納帳單，因為錢永遠都在。

　　這個方法也可以確保如果你有未繳的信用卡餘額，那個**數字不會增長**。你的信用卡繳費支出其實會有兩個部分，那就是這個月的刷卡費用，以及你為了減少卡債所償還的部分。只有這個方法才能讓你繼續使用信用卡，但又不會債務越陷越深。假如你擔心會搞混，可以拿另一張卡專門用來刷卡，每個月都將應繳金額歸零。在信用卡餘額繳清之前，也可以考慮只使用現金或簽帳卡。有餘額的信用卡不要拿來刷，專心繳清卡債就好。

賺進更多錢，並且聰明運用

賺進更多錢，就可以減輕財務負擔，這似乎很好懂，尤其如果你有債務的話。然而，這不是絕對的，因為有很大一部分取決於你如何運用額外的收入。假如你為了慶祝加薪就大肆揮霍（更大的公寓、更酷的車、更多高畫質頻道等等），你馬上又會回到原本的處境，甚至可能更糟。

這就是生活方式膨脹（lifestyle creep）的詛咒。或許你曾經聽過這個詞，生活方式膨脹是指生活方式的成本跟著收入一起增加的現象。這是因為，增加的收入都被拿去支付更高昂的開銷了。常聽到的怨言（我們可能全都說過這樣的話）大概類似這樣：「我現在賺的錢其實還不少，但是我自身的財務狀況還是一樣充滿壓力。」

生活方式膨脹其實就是源自於金錢和優先順序沒有相符一致。沒錯，一切都跟優先順序有關。事實上，我覺得這比較應該稱作優先順序「滲漏」，而不是生活方式膨脹。如果收入增加了，你還是對自己的金錢感到不滿，那很有可能是因為你的用錢方式並沒有反映對你來說重要的事物。

所以，該如何對抗生活方式膨脹？或用另一種方式說，該如何確保用錢方式始終反映你的優先順序？我建議兩個可以一起使用的策略：

　　審視每一項支出的必要性：每年找一個時間（我喜歡在一月進行）檢查每一項支出的必要性。審視住、行、保險等「必要」花費。審視所有的假期、贈禮和食物，每一項支出都應該拿出來檢視。針對每一條項目詢問六到七遍「為什麼」，可以幫助你抽絲剝繭，真正看清這個優先事物的本質。

　　這讓我想起一位朋友尚恩。他們很愛全家一起去看電影，因為他們喜歡電影院的爆米花、氛圍、電影本身、那裡的氣味和家人在一起的時光——說不定也喜歡那黏黏的地板？尚恩在談論這些回憶時，我看得出來他真的很喜歡。重點不是要你戒掉習慣或方便。我們問了幾次「為什麼」，試圖抽絲剝繭釐清這個優先事物，結果發現他們家喜歡去看電影的核心原因是在一起相處的時光。於是，我幫助他找到策略：有沒有什麼辦法可以讓他減少支出，同時保留、甚至提升家人的相處時光？有的。

　　尚恩保留了電影之夜，但選擇在家進行。他們還是會爆美味的爆米花（讓整個家都是奶油的香氣）、享受很棒的電

影、花時間好好相處。他說，家庭時光甚至變得更好了。他們會花更多時間準備，把電影之夜變得很特別。

少了大家庭的電影票和昂貴爆米花，他們每次電影之夜都省下約80美元。但，重點不是省了多少錢！現在他們明白電影之夜對他們來說為什麼這麼重要，他們會做一些事情提升在一起的時光。那才是真正重要的。

所以，審視每件事的必要性，就連奶油爆米花也是。

每隔一到兩年重新洗牌：我會在第九章談到更多，但是現在也很適合提及。有時，你必須撤銷編好的預算。如果你有使用我們的軟體，可以透過我們內建的「重新開始」功能做到這一點。如果你是使用試算表，就把目前的檔案存起來，開啟新的一份。先從銀行帳戶的餘額開始編列，一筆一筆慢慢添加支出。上面的第一個策略要想的是什麼可以變得更省或完全拿掉，而重新開始要想的則是應該納入哪些支出。一開始什麼支出都沒編列的時候，每一項開銷在被納入之前都得通過你的嚴格審視。這是從上面的策略變化而來，但它會產生一個有趣的效果。通常，經驗頗為資深的預算家在做這件事時，手上會有一大筆錢，因為他們已經實行預算很久了。他們全都表示，看見戶頭裡的錢並把錢分配給優先

事物，讓他們更能感受到比較大筆的支出。這個行為促使他們深入檢視自己的支出。

　　利用加薪趁機升級自己的生活方式真的很吸引人，但如果那真是你想要的，就這麼做吧。只是要小心，別因為突然多了錢就自動納入新的開銷，而是要確保讓優先順序驅使你的決定。

 MEMO

YNAB的排序小抄

哪些事物應該優先排序，不是自然而然就學得會的事情。因此在YNAB，我們鼓勵大家依循以下這個清楚明瞭的法則一排序法：

☀ 先顧好**最近期的必要支出**，包括居住的地方、自己和家人的食物，以及沒有繳納就會發生壞事的帳單，像是電力和暖氣。撥款給這些事物、知道錢不會不見，會讓你生活更安穩，感覺也更安心。

☀ 接著，換到**真實支出**的部分（第三章會談到更多）。這些指的是比較大筆、不固定出現的開銷，常令你措手不及（你一定知道那種感受），但其實不該那樣。

☀ 現在，好玩的來了。解決了必要支出後，有哪些是你**最優先的事物**？家庭時光？幾乎令你成迷的嗜好？我不會批評你的決定，總之這些是下一批撥款項目。

☀ 再來，我們要納入需要花錢、但純粹只是**令人開心的事物**。這些東西就算一兩個月都沒有分到預算，天也不會塌下來。

MEMO

　　一切的決定還是取決於你，但遵循這個架構可以幫你了解什麼事物對你很重要；什麼事物或許只是一種你很樂意戒掉的消費習慣。

第三章

法則二──擁抱真實的支出

前面已經看過第二條法則：**擁抱真實的支出**。你知道它的意思是要你拆解大筆開銷，每個月都分配一點錢。就這樣而已，對吧？

算是。第二條法則有一個特色：它有能力完全轉變你的財務狀況。我知道這聽起來有點像廣告文，但是請聽我把話說完（因為真的不是那樣）。

第二條法則的重點是要做長遠的規劃、並且即刻行動。它讓你能夠掌握之*後會出現*的支出，這樣日後需要錢的時候才不至於兩手空空。「之後會出現的支出」可能是帳單，也可能是龐大的人生目標。只要你想得長遠、即刻行動，你就有錢實現這一切。

上一章我介紹了「真實開支」的概念，提到那不只是包括為了讓生活正常運作所需要花費的固定月支出。提到第二條法則時，我特別聚焦在那些容易突然冒出來的不頻繁支出，但是且讓我把話說清楚——你的真實支出其實就是*你所有的支出*，不管是每日的支出、每月的支出，抑或是我們常常忘記的不固定支出。「真實支出」的概念可以幫助我們明白，我們平常以為的那些支出並沒有反映全貌。

法則二處理的大部分都是不頻繁的支出，而這些大致上

可以分成兩大陣營：**可預測**以及**不可預測但無法避免的**。

你的可預測支出都是，嗯，可以預測的。雖然很多人會被這些支出嚇一跳，但我們都很清楚這些支出何時會出現、金額有多少。至少，只要我們願意留意，我們就能找得到這些資訊。汽車險便是情節最重大的例子之一，你一定知道那筆龐大的帳單出現在信箱時的感受。你每次都沒料到這筆支出，還覺得好像才剛繳過……啊，不對，那是六個月前的事情了。你往往別無選擇，只能刷卡繳納，或是不情願地寫一張支票，用你原本希望花在其他事物上的錢繳費。

現在想像一下，假如你過去六個月每個月都存入了100美元，當600美元的保費要繳納的那天你會有什麼感受。你不會垮下一張臉，也完全不會因為這件事感受到壓力。事實上，你大概會很開心和自豪，因為你可以直接繳納帳單，繼續過你的生活。你還記得以前面對這種帳單有多麼焦慮，而那些記憶會讓美好的感受更加美妙。

有一些可預測支出金額不固定，但我們還是知道何時會需要這筆支出，所以可事前規劃。比方說，你知道自己的購物花費在十二月會飆高，知道冷氣會使夏季電費暴增，知道冬天的天然氣或石油帳單會驟升。你知道感恩節時需要花費

一大筆錢帶全家人飛去看奶奶。你也知道在節日過後，可怕的信用卡帳單會帶來熟悉的恐懼感。一切都令人充滿壓力。

二月就開始為節慶購物存錢，聽起來好像很誇張，但是想想，若是在十二月時已經有一疊現金躺在那裡等著你花，完全不會給你罪惡感或壓力，那種感覺是多麼美好！每年在特定時間冒出來的任何帳單也是這樣。未來的你會非常高興過去的你已經超前思考，整年都有存一點錢起來。

另一方面，你的**不可預測但無法避免的支出**，則是你知道有一天肯定會需要花錢的東西，只是你不知道何時會用到、或要支付多少錢。跟可預測支出相比，這些比較難確定，但也其實沒有我們認為的那麼難以捉摸。

回想一下你是否曾經看著信用卡帳單，自我安慰那龐大的總額只是因為「這個月特別瘋狂」。你的意外消費可能包含：為了參加某場婚禮而買的禮物；為了同事的女兒到群眾捐獻平臺進行捐贈；為了閃避路面坑洞撞上路緣（坑洞和路緣都不知道從哪裡冒出來的！）而必須更換的新輪胎；還有，哎呀，為了那場婚禮臨時跑去買的西裝——因為舊西裝大了兩號（這是達成減重目標唯一的缺點）。這些支出全都非常合情合理，有的甚至十分慷慨善良！於是，你把這當成不尋常

的一個月，並承諾下個月會更好。

下一張信用卡帳單飛來：孩子的科學展用品；因為赤腳走路絆到車庫裡的腳踏車而去照X光的自費額（請別赤腳在車庫裡走路）；貴到毫無天理的印表機墨水；寵物貓臨時需要動手術。又是瘋狂的一個月，但是沒關係，下個月真的絕對會更好，下個月就會*正常*了。

你知道結局如何。事情從來沒有變好，因為這不是「特別瘋狂的一個月」——這就是人生。那些意料之外的支出是大部分的人不願編列預算的原因。他們覺得要為計畫之外的事情計劃是不可能的，所以何必自找麻煩？

事情是這樣的：很多的意外支出都不算意外。請試著用更廣大的角度檢視人生：你一定知道輪胎不可能永遠不用換（每個月挪一點錢給汽車保養維修）；你知道十五歲的老貓一定會有醫療問題（在牠健康的時候也要撥款給動物醫療支出）；你知道在臉書動態上看到跟孩童有關的募資活動，你總是會心軟（給自己列一個「捐贈」類別）。這些開銷並不是突發的支出。沒錯，它們出現的那一刻很令人意外，但這些都是不可避免的，因此你知道它們總有一天會出現。這些就是真實支出，你可以事先規劃。

無論可不可預測，你只要看看過往的信用卡帳單，就能相當掌握自己的真實支出了。你可能會覺得這樣做很痛苦，但就算快速翻閱一下也是值得的，可以找出一些重要的常態，比方說寵物就醫、慈善捐贈或不固定帳單的頻率。這也是強化優先順序的大好機會。假如看見一筆外送披薩的消費就讓你皺眉頭一次，你可以把這份挫折感當作武器，將自己的支出跟前進的目標變得相符。這不是要你死抓著過去不放，你只是要好好檢視過去，以便充分了解你的錢究竟去了哪裡（以及你可能希望金錢改花在什麼地方）。

法則一再現

　　在繼續之前，我必須先坦承一件事：第二條法則其實就是第一條法則。事實上，這四大法則都只是第一條法則的不同情境。在這裡，法則二就只是把法則一運用在較不頻繁的支出上罷了。

　　一旦你知道真實支出有哪些之後，一切又回到第一條法則。在撥款給最重要的必要支出後，請往下檢視優先順序清

單，根據重要性分配工作給每一塊錢。如果不確定該先撥款給哪一項支出，試著把目標放在總是令你措手不及的不固定帳單，或者總是給你帶來重創的花費高峰，例如節日。總之，就是那些你光想到臉就會垮下來的開銷。接著再看看能不能撥款給其他事物。

小心，法則二有一些副作用。首先，你的錢會變多。由於你不是每個月都花錢在這些支出上（雖然你每個月都有安排預算給它們），你會有很多錢靜靜在那裡等著被花用。這是很棒的事情。

你也會很快發現，你撥給不固定支出的錢越多，你的壓力就越小。事實上，你為長期支出目標存下的金額越多，你的金錢壓力也會等比例消失，尤其是針對最優先的事物，因為替對你來說重要的東西存錢，感覺就是這麼棒（我敢說一定有非常專業的科學理論能證實這點）。

夢想要大，行動要小

法則二還有一個很棒的點（它有好多很棒的地方），那就

是它給了你一個簡單具體的策略來實現你的大目標。當然，這能幫你控制支出，但是別忘了編列預算真正的重點，其實是設計你想要的生活。第二條法則是使你更接近那個夢想生活的祕密武器。

我在這一章的開場提到，第二條法則能夠轉變你的財務狀況。事實真的是這樣，只要你不低估它有幫助你實現巨大*目標*的能力。想想那些你想要達成、但卻感覺遙不可及的事情。那些感覺比較像幻想、而非人生目標的事情。你的夢想不必非得要有史詩般的規模，也可以帶來轉變。例如，你或許只是希望你不用再一天到晚為錢感到如此焦慮。第二條法則非常適合用在這裡。想想我們有多少壓力是源自那些總讓我們覺得自己無法向前的「意外」支出，或是那些我們希望能夠消失不見的龐大債務。如果你用更廣大的角度檢視支出，為那些大筆開銷累積金錢，壓力就會消失。

我常常將第二條法則比喻成攀爬高山。這件事看起來很艱難，甚至不可能，但如果你把這座山拆解成一座座小丘，你的心臟幾乎不會感到吃力。不管你是要登高山或是朝財務目標邁進，小型的上下起伏比大型的還要容易應付多了。一萬美元的卡債感覺令人癱瘓，但是如果把它分解成每個月幾

百美元，那麼突然間，你跟無債一身輕這個夢想之間的差距，只要每個月少上幾次餐廳、少買一雙鞋子或是改變買菜策略，就能輕鬆消弭。每一次的小勝利都會讓你更接近目標，眾多的小決定最後可以讓結果呈現很大的差異。

我知道你大概有很多想做的事。第一次思索第二條法則時，看見財務口袋名單上的所有項目可能會令你難以招架，不管是該繳的帳單或想完成的目標。記得為自己找到適合的步調，給自己喘息的空間。你才剛開始掌控金錢，所以別期待能夠撥款給所有的事物。你會需要經過一些時間，才有辦法每個月挪一點預算給*每一個*目標，甚至你或許不需要那樣，因為只要你覺得某個類別（例如寵物醫療或修車基金）存到特定金額已經夠了，你就可以停止那方面的預算。這很容易。

然而，檢視完整的真實支出感覺就像攀爬一座高山，甚至是一整條的山脈。有那麼多目標想要瓜分你的金錢，確實很難知道該從哪裡下手。是要每一個目標都挪一點點錢？還是鎖定某一個目標瘋狂存錢？這時候，擬定策略就很重要了。如同我前面說的，先從那些每次出現都會把你擊倒的帳單或支出開始，如保費、生日或節日、夏令營或學費等龐大

年度支出。如果你能在其中一項支出該繳費前成功存到錢一次，那股動力和良好的感受會持續支撐你，使你逐漸存到其他大筆支出的基金。別忘了，執行其他預算也會幫你釋出更多金錢，讓這些真實支出的目標變得可以實現。

也別忘了，你的感受往往會告訴你應該先對付哪一項支出，而你也有盡可能堅持到底的能力。莉雅和亞當實在太想消滅婚禮貸款，因此每個月都是盡量把錢拿去繳貸款。假如你感覺將要被一個目標吞噬，那就像它攻擊你一樣狠狠攻擊它——或是不要也行。我和茱莉也有在預算中設定一些目標，是裡面至今尚無半毛錢的。這些是我們希望有一天可以完成的長期目標，但是它們還沒有急迫到會吸走我們的金錢。我們目前有一個很大的目標，是擁有一棟家庭小木屋。我們很希望存錢買小木屋，但在開始之前想要先把房貸繳清。因此，我們把小木屋放進預算裡，當作一種提醒和令人期待的事物。

無論你的策略是什麼，都要知道你每次給一塊錢分配一項任務，你的一塊錢就比原本更好。再做一遍。然後再做一遍。然後再做一遍。不知不覺，你就已經翻越了那座山，甚至完全不用停下來休息喘息呢。

當你全心投入法則二時

　　第二條法則要你主動積極地理財，其深入程度是你從來沒有經歷過的。當你想得長遠、即刻行動時，你看見的不再只有最立即的帳單——你會看見更大的全貌，也會高度覺察*所有*的支出。當你擁有這層清晰度之後，你的支出就再也不會有令你意外的時候。你的銀行對帳單看起來可能跟之前差不多（或許有少一點披薩外送，但也或許沒有），但是現在你看得出它們是如何反映出你更大的人生樣貌。這樣銳利的焦點也會左右對長期財務目標有重大影響的短期花費決定。

　　簡單來說，第二條法則會占據你的大腦。別擔心，這是件好事，最大的改變就只是你的花錢行為。當你隨時考慮到長期目標，銀行戶頭的餘額就不再是該不該買某樣東西的決定因子。問題不再是「*我負擔得了這個嗎？*」只要你手頭上有錢，其實你可以*負擔得了*很多東西，但那不是重點，因為你現在問的是：「這會讓我更接近目標嗎？」你會非常具體地思考自己的決定會對未來造成哪些影響，因此花不花錢變成一種權衡：「如果我現在買了這雙鞋，我就得多花一個月才能

達成度假目標。」你很快就會發現，用這樣的角度檢視支出時，你會做出很棒的決定！

我們本來就常常在進行權衡，只是因為那些通常是很模糊、沒有用的權衡，所以我們可能沒注意到。我們會想：「如果買了這個，我的錢會變少，這樣我能接受嗎？」可是，假如你不確定兩者的差別對你有什麼意義，你要怎麼知道自己能不能接受？只因為想要更多錢就決定不花錢，這樣的動機永遠不會持久。若我們永遠都會想要更多錢，那是難以企及的目標。我們最後只會感覺自己很困乏，因為我們在眼前吊了一根摸不到的胡蘿蔔，束縛了自己。

法則二把重點放在實際的後果，因此你現在想的是：「如果買了這個，我*三個月後想要的那個東西*預算就會變少。」那個實際的後果帶來了很大的差異。這下子，你權衡的重點不是錢會變少，也不是無法擁有你認為自己想要的事物。這完全跟困乏無關。你因為犧牲，所以得到了某樣東西，某件你真正想要的事物！

當這種思維成為常態，奇妙的事情就會發生了。你會有更多錢（因為你沒花錢），並開始達成目標。唯一的改變是，你現在會積極努力朝你想要的任何目標邁進，無論是房屋頭

期款或充足的寵物醫療基金（這樣你的貓開始走路會撞牆的時候，你才有所準備）。每次選擇把錢用在長期的優先事物，你就等於是在提前送錢到未來，替未來的你打好成功的基礎。

眼見為憑

馬修·里奇是個二十九歲的客服經理，跟未婚妻愛莉一起住在紐約。他從兩年前開始使用YNAB，目的是要脫離債務（他成功了！）。現在，他最重要的優先事物是盡量存錢到退休帳戶，還有為他所說的「大型風險」存錢，像是自行創業。

最近，馬修和愛莉開始編列共同預算，以便齊心結合兩人的生活。馬修還是有他自己的個人預算（他們打算結婚後再統合兩人的帳戶），共同預算只是針對他們現在共同分攤的花費，包括租金、買菜、外出用餐和旅行。他們以前已經試過好幾種不同的理財方式，但是結果總令人失望，因此愛莉很懷疑YNAB會奏效。然而，她還是跟著做了，因為馬修是四大法則的死忠擁護者（他有一次把我們一封跟第四條法則有關的信件轉寄給二十三個朋友，而且

跟這傢伙相處超過十分鐘，你一定會聽他聊起他的預算。這是真的，我愛死他了）。

馬修對於他們的共同預算感到相當興奮，希望他的熱情具有感染力。有一次，他們收到一封異地婚禮邀請函，他趁機向愛莉展現YNAB的方法有多寶貴。那場婚禮將在六個月後舉行，馬修預估這趟旅程會花掉1000美元，於是他便把這筆錢平分成六期，每個月都放進預算。

六個月後，愛莉和馬修在朋友的婚禮上啜飲插有小雨傘的雞尾酒。他們成功靠預算存到這趟旅程所有的花費，錢就在那裡等著他們花用。

馬修說：「我真的有看見愛莉的眼睛『亮起來』的瞬間。她很驚訝我們竟然無痛生出1000美元，那是很重大的時刻。」愛莉或許永遠不會像馬修那樣對YNAB如此狂熱，但是她看見了第二條法則的力量，她願意加入了。

法則二的昇華：再也毋需緊急預備金

我再說一遍：法則二有好多很棒的地方。我最喜歡其

中一點是，一旦真的開始實踐它，「緊急預備金」的概念便不再需要。我知道幾乎每一位理財大師都會告訴我們，我們需要把幾個月份量的支出存起來，那一大筆錢絕不能動。可是，你為法則二存起來的錢其實就是*你的緊急預備金*。更棒的是，比起銀行戶頭那些沒有確切目的的不明錢財，這些錢目標更明確、性質更積極，很有可能幫你做好更充分的準備。

換句話說，當你實踐法則二，感覺「緊急」的事物會變得更少，因為你已經替那些事做好規劃（在財務方面）。別誤會，「丟了飯碗」的緊急預備金一定是要存的，做好收入來源突然斷掉的準備很明智，但是即使在那種情況下，我們也不建議就給那筆錢一個通泛的標籤「緊急預備金」。反之，你應該把手上的錢分配給未來的支出。如果你手上有八個月的「緊急預備金」，就為接下來八個月的真實支出編列預算（別忘了，真實支出就是你*所有的支出*，包括每日、每月及不固定的支出）。如果你正在努力存這些備用財，便在金錢入帳的同時慢慢把它分配給未來幾個月的支出。或者，如果你擔心收入沒了，有存錢應付這個情況，就那樣稱呼這筆錢。把它想成收入替代基金，然後絕對不要因衝動揮霍碰那筆錢。你賦予這筆錢的「重要工作」跟通泛的緊急預備金不同，它是要

保護你最初的意圖。嚴格來說，你的銀行戶頭看起來跟把這筆錢當作通泛緊急預備金的時候一樣，就是靜靜待在那裡的一大筆錢。然而，你的預算會告訴你故事的全貌：你知道每一塊錢該用在哪裡、可以用多久。

　　一樣，這同樣是第四條法則「讓你的錢躺久一點」的重點。這個主題我之後會深入說明，但說到法則二的緊急預備金汰換概念，就不能不先破法則四的梗。簡而言之，如果你已替真實支出存夠了錢，失業危機就不是那麼大的危機，因為你不會變成月光族。

　　法則二的基金也比較不可能被花掉，因為你已經賦予了它們各種目的。如果只是一項通泛的緊急預備金，不確定究竟要用來做什麼，我們便能輕易給自己從那裡拿錢出來使用的理由。可是，當你知道這筆錢是「醫療基金」，你不太可能把它拿去買生日禮物。假設你真的從那裡拿了錢（好吧，你今天很健康，但如果沒幫媽媽過生日，她真的會很失望），那麼你也知道之後得放多少錢回去、原因是什麼。一切全都清楚明瞭。

呼叫所有收入不固定的就業者

　　法則二很容易嚇跑想嘗試編列預算、但薪資不穩定的人。我曾經處理過數以百計這類的個案,包括自由工作者、服務生、顧問以及任何按件計酬的人。

　　收入不固定的人常告訴我,他們的處境太特殊,沒辦法套用形式固定的預算法。針對時多時少、頻率紊亂的收入,有那麼多長期目標想要瓜分金錢的預算法似乎太沒有彈性。預算感覺好像無法更改、跟現實落差太大,因此自由工作者和收入每個月都不一樣的任何人,會完全不願編列預算,或是在現金流變大或枯竭時馬上放棄。假如你已讀到這裡,就會知道預算應該要很有彈性,但是遠遠地看,當你的現金流那麼不規律,預算感覺就像一個令人窒息的箱子。

　　可是,那其實是非常錯誤的認知。事實上,如果你是靠不固定收入維生,你比任何人都需要預算。這不是因為你不擅長理財,而是因為現金流無法預測時,出錯的可能會大上許多。客戶總是會選在你有大筆帳單要繳的時候不準時付款;某筆不固定支出總是會突然出現,在現金流低的月份掃

空你的戶頭；案件總是會有遲交的時候；你細心規劃的那趟旅程最後花得比你預期的還多。當你沒有固定薪資可以依賴，常見的意外支出帶來的打擊會特別大。在這些時候，預算可以拯救你。

收入不固定還有一個隱藏風險，那就是在有大筆款項入帳的那幾個月，你很容易感覺自己很有錢。在這種時候，你會吐一口氣，然後想：「一切都很棒，我之前到底在擔心什麼？」在收入高的月份，你會非常想要避開重要的金錢決定，並感覺一切都很順遂，於是便用一雙新靴子犒賞自己，毀了穩定現金流的機會。

這全部都很正常，依靠不固定收入過活的日子通常就是這麼極端，收入低的月份令人驚慌，收入高的月份令人欣喜。這就像瘋狂的蹺蹺板（但這是你選的，因為這恰巧就是你熱愛的職業會發生的狀況），鮮少讓你有時間好好看清自己的財務。所以預算才會這麼重要，在你的收入一點也不穩定的時候穩定你的財務。

預算是以月份為單位，有時會讓酬勞入帳間隔不同的人因此出錯。他們覺得這不適用在他們身上，但是以月份為單位檢視支出其實是很好的框架，可以讓你的目標和必要支出

井然有序。這可以讓你規劃常見的月支出，在你努力邁向更大的目標時步調一致。以月份為單位檢視支出也會讓你看清自己的財務狀況。你可能會在五位數的薪資入帳時覺得自己很有錢，但放進每月預算觀看，你就會看到真實的樣貌。

或許你真的在錢堆裡打滾，接下來六個月都不用擔心錢。那很棒，特別是你如果有考量到不久的將來會出現大筆不固定支出的話，但是請確定「多出來」的那1000美元真的是多出來的，在你花錢購買郵輪行程時，請記得兩個月後要繳學費，下一筆收入又要在那之後很久才會入帳。你可能不喜歡事實，但事實對你比較好。

編列預算會強迫你做出被錢淹沒的時候不想做的決定。收入不固定時，你需要這樣的清晰思維，否則收入低的月份帶給你的痛苦，會比大筆收入帶給你的喜悅還大上許多。你的收入可能宛如雲霄飛車，但你對金錢的感受不必非得如此。編列預算會讓你保持「感覺還行」的情緒，直到最後「感覺頗為開心」變成新的常態。

大學學費大辯論

　　說到長期的財務目標，有一個目標目前不在我的清單上，那就是孩子的大學學費。我有六個小孩，他們沒有一個擁有大學基金。真的。

　　我知道不只是我在刻意不為孩子存大學學費，我的朋友、同時也是YNAB團隊成員之一的陶德也是這樣，但我們兩個人這麼做的原因並不同。以我們家來說，我打算幫助子女不負債讀完大學，但是方法不是存一大筆錢替他們支付學費，而是教導他們如何結合獎學金、編列預算和半工半讀等方法，自己支付自己的學費。我極度反對學貸，所以學貸並不在我的計畫之中。其中一個理由是我痛恨債務（你已經知道了），但是我也認為，讓對金錢認識很少的年輕人相信負擔五到六位數美金的貸款是獲得優良教育的唯一管道，實屬詐騙行為。事實並非如此，而且這會讓他們在大學畢業後，被剝奪整整十年可以完全掌握自身財務的光陰。

　　我們能為孩子做到最棒的事，就是幫助他們明白，學貸不是唯一的選擇（我認為貸款永遠不是一個選項！）。半工半

讀和申請獎學金是很好的開始。此外，也要幫助他們了解，學費高昂的高級學校不一定值得花那個錢。選擇大學實在有太多因素要考量，我在這裡無法細說。總而言之，孩子擁有學貸以外的選擇，請確保他們明白這點。

我也很認同陶德不存大學學費的理由，那就是他和妻子潔西卡寧可把錢用來讓全家人現在可以擁有共同的經歷。今年，他們花了好一筆錢，一家五口到法國住了五週。他們的小孩當時分別是九歲、十一歲和十三歲，他們算過如果把那筆錢用來存學費，「或許」可以支付其中一個孩子一個學期的費用。這樣的數字還不差。我的確很推崇小額分期存款的好處（想得長遠、即刻行動，不是嗎？），但是這個決定還是要回到權衡的問題。如果要在替未來的學費存一小部分的錢，以及擁有改變一生的家庭經驗之間取捨，陶德和潔西卡一定會選當下這場旅程。

此外，這件事的重點不僅僅在於旅程，或是只有會計師才在乎的金錢權衡；那些經歷對陶德和潔西卡而言是真的很有價值。況且，要是他們有兩個孩子拿到了獎學金，第三個決定不馬上念大學，而是要先創業呢？這樣他們就會錯過陶德一家人覺得很重要的人生經歷了。因此，陶德的女兒莎蒂

儘管名下沒有一筆大學基金，卻可以每天獨自一人到法國麵包店，使用她只學了幾個月的語言幫家人買麵包。他們全家人每天都有機會處在不同的環境、嘗試不同的食物、認識不同的生活和待人處事方式、擁有不同的期待。他們得以看見，這世界跟他們位於麻州的小鎮並不一樣。這家人沒辦法在那年夏天既擁有這些經歷，又存數千美元給大學基金，於是他們很高興地把這筆錢花在比較優先的事物上。

你可以針對這個思維做出很多很有邏輯的反對言論，但這就是陶德和潔西卡希望自己的家人和金錢能做到的事。

沒有人可以給你任何建言，幫助你完成這些重大的決定，就連我也沒辦法。四大法則可以給你一個思考不同選項的框架，但是最後的決定是你要做的。

MEMO

法則二：擁抱真實的支出

大部分的人都不習慣從真實支出的角度思考開銷，但是你一旦接受這樣的思維，就會開始感受到財務自由的力量。幾乎不會有任何帳單或大筆開銷為你帶來意外支出，因為你會提前把錢準備好放在那裡。

記住，真實支出分成兩類：

❦　**可預測支出**不會頻繁出現，但我們知道它們何時出現、金額多大。有些是保費或汽車註冊費等帳單，但是也別忘了可預測的花錢時機，如節日購物、夏令營、園藝用品、開學服裝等。就算金額不固定，你還是可以先設定花費目標，然後分解成每月的存錢目標，用一整年的時間籌措。

❦　**不可預測但無法避免的支出**則包括修車、衝動捐贈、婚禮贈禮，或是你家的老狗忘了某件事得出去做，所以導致你必須清洗地毯……

法則二也是幫助你實現人生目標的超能力。想要創

業、買摩托車、當背包客走遍非洲，或是完成對你來說
構成美好人生的任何事情？設下目標、分解成每個月應
付得來的金額，就能開始為你想要的人生存款。

第四章

法則三——隨機應變

我們來做一個實驗：請現在就計劃下週五你要做些什麼，把每個小時的活動都寫出來。等下週五過後，告訴我你遵循計畫的程度有多高。

我們不用等到下週五，就知道結果如何。你一定會做出一些變動。你是真的很想完成某些事，例如去領乾洗衣物，但最後卻因為幫鄰居搬沙發床下樓，所以耽誤了時間；你沒有整理花園，而是選擇洗衣服，因為下雨了；就算你原本的計畫包含去上班，工作進度也可能被一大堆電子郵件和會議給打亂（你本來說要幾點下班的？）。任何事情都有可能發生，也一定會發生，因為計畫和真實人生本來就有差距。

但這難道就表示你不該計劃嗎？不，其實你**實際**的一天和你**計劃**的一天之間的差距會取決於你執行計畫的方式。

有一種毫無計畫的規劃方式，也就是你只是想到什麼就寫什麼。這樣的話，你不太可能完成什麼。同樣地，寫下計畫然後就忘了它，也會造成相同的結果。下個星期五你會做一些毫無章法的事情，到了晚上心想這一天到底都做了什麼。你做的事情都是隨興發生的，完全沒顧及你實際上想要完成的計畫。

另一個極端是，你嚴格堅守計畫，無論會有什麼結果，

連一分鐘也不更改，這樣你肯定會很焦慮和不開心。就算你不介意這樣嚴格監管自己的時間一天，你也肯定很快就會累壞。而且，你還是很可能無法完成所有計畫，因為總是會發生某些插曲……

……你在走出門的時候把茶杯打翻（但你不能之後再處理，因為你的貓會踩到碎片）；

……你在上班期間不小心跟妹妹傳起訊息（你真的必須努力遠離手機）；

……你最好的朋友打來，狂喜地跟你說他剛獲得盼望已久的晉升，你可不可以在三十分鐘後跟他吃頓午餐慶祝一下？（但是你都在午餐時間上健身房！）

你懂我的意思。你知道微觀管理自己的時間是不切實際的。你明白你的一天不會完全跟期望的一樣，你覺得沒關係（這要看你多偏向A型人格）。你也知道*某種程度*的計畫會讓你更有可能實現目標，即使最後計畫有變。這正是我們應該對待預算的方式：請把它當作有彈性的計畫。

問題是，大部分的人都很難把預算視為活生生、可調整的事物。他們覺得只要改變預算，就不是真的在執行預算，而是在作弊，但這完全大錯特錯。

第三條法則「隨機應變」的重點就是調整預算，以便順應任何狀況。因為，預算是反映人生的計畫，而就像人生，計畫（和預算）總會改變。

讓我再次重申：更改預算沒有關係。

不，把那句話刪掉（改變嘛，對嗎？）。

你「一定得」更改預算，才有可能堅持到底。

讓我把話說清楚：我在講的是我希望你培養的新觀念。改變實在太重要了，因此我們為它建立了一條完整的法則。這真的不誇張──這其實是過去覺得編列預算很困難的人，能夠透過YNAB取得成功的重大原因之一。當其他的預算應用程式、專家和軟體都讓你覺得一偏離原定計畫就等於失敗時，第三條法則會拯救你。它會把你的預算從一份試算表化為真實。

真實人生的負責

如果更動預算令你感覺失敗，並不是你的錯。關於財務成功的建議，有很多都圍繞在自律的概念。打起精神，自己

在家泡咖啡；在「自己的衣櫥」選購衣服就好；別再外出用餐。預算出現任何改變，都會讓你覺得自己的紀律分數被扣了一分。我們被誤導了，認為如果自己不能對預算負責，就永遠無法成功。

負責（accountability）非常重要，但首先我們要弄清楚**負責**究竟是什麼意思。負責就是處理你做的每一個決定所帶來的現實後果。因此，更動預算其實是你做過最負責任的事情。快，再把這句話讀一遍，這很重要。假如你外出用餐的花費超過預算，需要拿走另一個優先事物的部分預算，例如度假基金，這就叫負責，因為你在面對花的錢比原定計畫還多時所帶來的現實——你現在距離度假目標更遠了一點。這不是失敗，而是重新調整優先順序。

你不用針對預算的每一條項目進行問責，那等於是要求自己遵守一個禮拜前寫下的以小時為單位的行程表。那不會跟現實完全相符。然而，你確實需要針對預算最下面的那行數字負責，也就是你賺到的錢和你花掉的錢之間的差額。如果現實生活需要（或要求！）你在不同的優先順序之間更動預算，那麼你可以、也應該這麼做，但是到最後結算時，你知道自己擁有的金錢是有限的。如果在某個類別花的錢比預

計的還多，你就必須從另一個支出目標拿錢來用，因為多餘的錢就是不存在（而且你不把貸款當成一個選項！）。

這種以大局為重的思維方式會使你堅持下去，離目標越來越近。沒錯，這個月你或許無法像計畫好的那樣，存五百美元到度假基金，就像你不太可能剛剛好在下午三點鐘去領乾洗衣物，但設定這些意圖或許可以幫你這個月多存三百美元。假如你沒有事先小心擬定計畫，那些錢很可能會被花在中國菜、或iTunes等你並不是很在乎的事物上。同樣地，假如你沒有計劃去乾洗店，你的西裝外套就會繼續掛在旋轉衣架上。目標才是最重要的，只要你繼續朝目標邁進，你就是在成功的路上。

任何致力達成遠大目標的人在執行中會調整計畫是很正常的。你可以想想籃球教練在中場休息時間改變策略，或是西洋棋特級大師看見對手防禦的方式，於是跟著調整做法。又或是，當你在玩《魔獸世界》時，而你的團隊無法擊敗魔王，於是你從兩個法師改組成三個法師？（不玩玩戲的讀者，這句話看過就好，相信我。）如果認為高階人士遇到任何情況都不能調整，我們會覺得很可笑，但是當我們要根據新資訊調整自己的預算時，我們卻馬上把這事貼上失敗的標籤。

為何金錢即時間，時間即金錢

　　還是很擔心更改預算是在作弊？你可以用另一種方式把它比喻成時間：距離工作上某專案的截止時間還有三小時，這項專案還有最後七件事必須完成。截止時間無法延長。那有限的三個小時就是你的結算底線。於是，你擬定計畫，開始一一解決最後那七件事。突然間，其中一件事花了比你預期多上許多的時間，所以你進行調整。你沒辦法創造更多時間，因此你決定刪掉七件事當中的兩件事。你把其餘的事項全數完成，然後遞交專案（順帶一提，你的客戶非常高興，因為你刪掉的那兩件事其實無關緊要）。你承擔了截止時間的結算底線責任。預算就是這樣。你只花用已經擁有的金錢，那就是你的結算底線。順著人生（或客戶專案）的要求加以更動才是聰明的做法。

對自己誠實

　　除了自由，法則三也會為你的預算帶來健康的誠實面

向。需要更改預算時，請務必更改，但是也要留意你有沒有出現固定的模式。假如你老是在某方面超出預算，需要不斷調整補償，那麼你當初在編列那方面的預算時，就很有可能對自己不夠誠實。

如果你會習慣性地調整預算，這就好像有件事擺在「今日的待辦清單」整整一個月之久。你明知自己今天不會整理衣櫥，甚至這個星期都不會，那就乾脆從清單上拿掉，或重新評估你的優先順序。否則，那件事會一直擺在那裡讓你難看，讓你覺得自己永遠沒有做到最好。

也許你樂於為五口之家的每月買菜金只編列400美元，但是假如你每個月都超支，400美元就是並沒有反映你現在的真實情況。這可能表示，你需要為買菜金編列多一點預算，才能滿足家人的需求。或者，假如你決心要讓400美元行得通，你就必須改造買菜的規則。又或者，如果你決定要吃當地的有機食材，那麼你該做的可能不只有改變買菜方式，但那是因為你做了這個選擇。

我和茉莉曾經幾乎每個月都超出買菜預算，持續了整整十年。我可不是在開玩笑。在超過一百個月的期間，我們「可能」只有達成買菜目標十次。我們每次都會設定好食物預算，

在每個月一號樂觀地認為這次情況一定有所不同。尤其是我，總是發誓我們只要再多幾張優惠券、再看一看特價商品，就可以達成目標。我知道茱莉辦得到，因為那是她的專長。剛結婚時，我們兩個都超級節儉，但是沒有人比得上茱莉那時候把買菜金變大的能力。

我們的買菜目標是以結婚初期的花費模式為依據，外加孩子一個一個出生後慢慢增加的一些預算。這些數字多年來一直都行得通，所以我就是不懂為何再也無法達成目標。

接著，某天晚上召開預算會議時，我們終於深入問題根源，找出真相：茱莉不想再當省錢女神了。我們沒錢沒孩子時，她願意拼命把錢變大，但是現在她再也不想錙銖必較或把食物預算最佳化了。因為，現在能夠帶著這麼多孩子一起去買菜，沒有爆發任何災難，就已經很了不起了。她說：「我不在乎一罐玉米要多少錢。」平靜地買完菜才是她的優先事物。

我總算懂了。我們花了十年才找出真相，而那大概是因為有九年之久的期間我都視而不見——但我們總算解決問題了。我們已經不像剛結婚時那樣財務那麼緊繃。我們有錢增加買菜金，擁有那點喘息空間對茱莉來說很重要。

老實承認預算需要改變，會帶來很大的解放。我們幫買菜金加了很多預算，結果緊繃感馬上消失。我們還是常常運用第三條法則，但是現在只有針對真正的意外支出，而非我們發誓能做到卻永遠做不到的事物。

生活、價值觀、優先順序

隨機應變講的不只是超支後需要調整預算。有時，人生就是會令我們措手不及，需要重新調配財務計畫才能順應。

我說的例子是像地下室淹水；咖啡灑在新筆電上；妹妹打電話來說她十五分鐘後就到，接下來兩個星期可不可以住你家、吃你家的飯？

法則二練習得越久，你越會有不同的基金可以應付意外，但是有時意外實在太過龐大、太過出人意料，你的計畫會完全被打亂。這時候，你會從每一項可以撥款的類別中擠錢出來，同時因為必須花這麼多錢給不在優先清單上的事物，感到難受想哭。

但，這些打擊就是這樣的：它們雖然不在你的優先範圍

內，卻往往能反映你的價值觀，而這就是預算背後的驅動力。你的優先順序雖然可以改變得很快，你的價值觀卻較為堅定不移。有時，我們甚至不會發現是價值觀在引導我們。我們就是覺得某個決定是「對的事情」，或者純粹不可妥協。

家人對你來說可能比任何人事物都還要重要，因此當妹妹拜託你，在他們的房子除霉期間，讓他們一家人暫住你家，你絕對會一口答應。你大概沒有一個針對法則二編列的預算是用來應付家人的突發造訪，但你的價值觀使得幫助妹妹成為很重要的優先事物。所以，你會找到辦法從其他類別生出錢來。你的預算突然間看起來很不一樣，要行得通很不容易，但是驅動這個新預算的價值觀卻跟從前一樣。

就連最不起眼的決定也會受到價值觀影響。陶德的車庫門最近壞了，在關閉的過程中卡住。在門壞掉前一天，更換車庫門完全不是陶德家的優先事物。只隔一天，這事卻幾乎變成他們預算裡的第一順位。同樣的，他們編列預算時所依據的價值觀——安全、一個好的家、教育和旅行的機會、健身和健康飲食——並未改變，只是他們的預算改變了。

價值觀也會在難關出現時，幫助你決定你願意遷就多少，甚至還會決定打擊的嚴重程度。假如灑出來的咖啡弄壞

了你全新的MacBook Pro，但這臺筆電只是私人用途，那這可能只是件費用高昂且不幸的麻煩事。但，要是你是自由工作者，需要用它來工作呢？這樣一來，不換新電腦就表示你無法貢獻收入給家庭。突然間，這個決定就變得不可妥協。或許你的下一臺電腦可以買便宜一點的，但是無論如何你一定得買一臺新的，因為你很重視家人擁有安穩的生活。優先順序改了，價值觀不變。

當大目標碰上大難關

崔西和丹·凱勒已經利用YNAB實現不少大目標，如還清5萬美元的消費型債務，還存了2萬5千美元，以便用現金支付婚禮費用（第七章會提到更多這些冒險故事）。

婚後不久，他們便暫停償還債務，專注在另一個里程碑：打造令人安心的緊急預備金。但，他們沒能存錢存很久，因為他們每個月在儲蓄帳戶存2,000美元存了六個月後，短暫的婚姻突然遭遇極大的難關。二〇一六年五月，崔西被裁員了，離她和丹說了「我願意」才七個月。

崔西憶道：「我大受打擊。我們的收入少了40%，但

是丹不斷向我保證我們會沒事的，因為我們有做好準備。」

他們不僅準備了緊急預備金，還因為已經非常習慣不花光所有收入過日子，好實現財務目標，所以根本不需要動用緊急預備金。「五月之後，我們確實需要調整開銷以度過難關，我們也不再存錢到儲蓄帳戶。這兩者使我們不必動用那一大筆緊急預備金。我們那麼努力存了那筆錢，真的不想花掉！」

停止把那2,000美元轉到儲蓄帳戶，是丹和崔西所做的最大改變。他們也將個人花費砍半。接著，他們將其他類別都削減一點點，包括服裝、娛樂、外出用餐和狗狗的預算，這樣他們在任何層面都不會感覺到很大的差別。他們還賣了崔西的車，把那筆錢重新安排。丹在家工作，因此他們可以共用一輛車，尤其崔西現在不再需要開車去上班了。這表示他們的車險和油錢也可以砍半。崔西如果真的需要買衣服，會到二手商店購物。在特殊場合需要特殊服裝時，就跟姊姊借洋裝來穿（以前她通常會直接買新的）。他們也善加利用信用卡的點數，把那些變現做為額外的收入。

崔西和丹的經歷提醒了我們，編列預算的時間越久，難關出現時帶來的傷害越小，就連巨大的打擊也是。第一和第二條法則可以幫你度過難關：

- 法則一讓你極度聚焦在用錢的最高優先事物上。

- 你可能沒有失業基金，但是假如你已經實踐法則二一陣子了，你手上很可能會有足夠的錢支付不少開銷。

　　如果你還沒實行這些法則很久，別擔心。去做為了度過難關必須要做的事，並繼續編列預算。讓這次經驗激勵你實現理財目標。你會發現，在下個難關來臨時（一定會再有下個難關），打擊就沒那麼大了。這些法則會替你編好一張很棒的安全網。

一起編列預算的那家人……

　　來認識一下戴爾家族。他們的理財故事涵蓋了這本書的許多重點，因此你會聽到好幾次。先從那次4萬美元的就醫故事說起，就是他們……付現的那次。

　　二〇一六年一月，九歲的亞思蘋‧戴爾感覺怪怪的。她

在幾週之內瘦了4.5公斤，一直感到身體不適。去了一趟急診室後，她的父母喬恩和愛咪得知了驚人的消息：亞思蘋患有第一型糖尿病。

那一晚過後，他們的人生出現巨大的轉折。在金錢方面，他們多了新的醫療支出，這將永遠成為亞思蘋生活的一部分。他們的醫療保險可以負擔這些費用，但他們必須先自行支付。這對他們的現金流來說是很大的負荷，是個重大的難關。

喬恩首次去拿亞思蘋的胰島素時，花了1,000美元。胰島素、針頭和試紙現在變成購物清單的固定項目。每一次刺手指驗血糖的成本都要幾塊美元，亞思蘋一天得進行好幾次。此外，還有驗血的600美元以及那次掛急診和在加護病房住三天積欠的4萬美元（約NTD 128萬元）。

好消息是，急診室和醫院願意等他們的保險公司給付，讓他們一次付清4萬美元，不用自己出。

更好的消息是，在這一切發生之前，戴爾一家人已經遵循四大法則許多年。雖然他們沒有一個意外慢性病基金，但是卻可以把其他類別累積已久的存款拿來支付亞思蘋的醫療費用。這是必須進行的調整，但他們也因此能夠用手上的現

金負擔費用（除了那4萬美元）。

最好的消息：喬恩是自由工作者，他的主要客戶跟他簽的是一年合約。這位客戶非常幫忙他，在亞思蘋診斷出糖尿病之後喬恩休假的期間也付他薪水。他們的預算也帶來額外的保障，因為戴爾一家人都是靠上個月的收入過活（第五章會提到更多），因此雖然有突發的新開銷，他們也不需要擔心入不敷出。亞思蘋的病情為這家人帶來重大的情感衝擊，但是能團結一心熬過預算的調整，不用擔心錢的問題，真的是很棒的禮物。

今天，他們的預算跟亞思蘋診斷出病情前的預算長得很不一樣。亞思蘋現在有自己的個別醫療保險，戴爾一家人全部都付現。保險可以全額負擔某些費用，有些則只有70%。他們一年大約需要支付7千美元的醫療費，他們便把這納入預算。

沒有任何東西可以讓戴爾一家人事先預料到亞思蘋的意外疾病，但他們竟然能夠做好充分的準備──至少是在金錢方面。沒有金錢壓力，喬恩和愛咪便能將全副心力放在亞思蘋和另外三個年紀較大的孩子身上。沒錯，有一些本來就快要達成的第二條法則目標突然間要很多年以後才有辦法實

現，但就像陶德的車庫門意外那樣，戴爾一家人的預算仍完全反映了他們的價值觀。他們要照顧好自己的家人。

嗨，法則一

還記得我說過，四大法則的每一條其實都是第一條法則的不同情境？驚喜吧！第三條法則其實也是第一條法則，只是範圍拉到一整個月。你在第一天分配好工作後，就一邊繼續這麼做，一邊迎接每一天的人生。即使遇到極端狀況，像是亞思蘋·戴爾的醫療費或崔西·凱勒被裁員的事件，第三條法則還是要你檢視所有金錢的全貌，然後問：「**我希望錢為我做些什麼？**」然後，你要進行乾坤大挪移，制定新的計畫。

那些更動是我們將第三條法則稱作「隨機應變」的原因。你可以把這想成拳擊比賽。當對手揮了一拳，一直動來動去就比較不會被擊中。你必須防守閃躲，根據對手的動作不斷調整姿勢。就算真的被擊中，隨著對方揮的拳移動也比較不會那麼痛。你如果靜止不動，反而最有可能被打倒在地。

可以使用的譬喻不只有拳擊。想到編列預算，我常常會

聯想到體育，主要是因為編列預算不是一件事物，而是一項*活動*。無論是躲避攻擊或思考遊戲攻略，你總是要不斷思索策略、進行調整、努力達成一個很大的目標。你不會就站在那裡不動。此外，跟任何具有挑戰性的活動一樣，你只有在過程中先照顧好自己，才能做出最好的表現。這個意思是，在你需要時對自己好一點，堅守自己的價值觀，同時把焦點放在大局上。

如果你不允許自己改變，你一定會放棄。帳單上的數字比你預計的花費還要多的時候，你還有什麼選擇？你可以選擇度過難關，重新分配金錢，或者你可以判定自己就是不擅長編列預算。你或許會很想做出後者的結論，但既然你都讀到這裡了，我猜你應該不是會輕言放棄的人。

 MEMO

法則三：隨機應變

請跟著我說：

改變我的預算不是失敗。

改變我的預算不是失敗。

如果你花的錢比計劃得還多，或者一筆意外支出突然出現了，但你沒有事先準備，別擔心，你的預算是要用來反映真實人生的。你的人生有什麼時候曾完全照著計畫走？隨機應變，過關了就繼續過活。

請記住：就算你沒有如預期般實現所有的目標，你也會發現你的預算依然體現了你的價值觀。所以，就算那100美元的少棒聯盟報名費原本不在你的預算內，你還是會從衣物或餐廳等其他支出目標中湊出錢來，因為你很重視一家人的戶外娛樂。這樣不算是失敗，你只是根據真實人生編列了預算。

第五章

法則四——
讓你的錢
躺久一點

我們都希望減少金錢給我們的壓力感，這是我們決定編列預算的一大原因。但，要到什麼程度我們才能肯定地說：「從這一天開始，我再也沒有金錢壓力了」呢？怎麼知道什麼時候才可以真正放鬆、不再擔憂了呢？

以下情境是一個可能的提示：在你的銀行戶頭裡有一大筆錢。好吧，我這樣講有點白目。可是，如果我們的銀行帳戶有肥美的餘額，我們不是全部都會更多點快樂、少點憂慮嗎？或許吧。有一大筆錢是個不錯的開始，有一堆比你之前的餘額還多的錢，是個更好的開始，但是這筆錢的力量取決於*它存在戶頭裡多久了*——以及你預期它還可以停留多久。假如下一批帳單來臨時它就會消失，那麼你以為已經消失的金錢壓力其實還緊追著你跑。只要來個意外支出或人生大事，壓力就會追上你。這就是為什麼有一堆比你之前的餘額還多的錢很重要，但是實際的金額其實不是重點。這也是為什麼，你不能拿鄰居的錢有多少來評斷自己的進展。最重要的是你的手上要有足夠的金錢，這樣要是下個月的薪水沒有入帳，你才不會陷入窘境。

第四條法則「讓你的錢躺久一點」讓你不需要完全依賴下個月的薪水。如果說YNAB可以幫你消除財務壓力，

第四條法則會讓你真的覺得那個放心感可以延長。這法則能幫你儲備金錢，使你有足夠的儲蓄應付帳單和開銷很長一段時間。多長的時間？完全由你決定。但，金錢躺得越久，壓力就會離你越遠。只要放得夠久，你甚至可以看不見壓力。

我們能從大學餐廳和農夫那裡學到什麼？

還記得大學餐廳提供的麥片自助吧嗎？那排五顏六色的麥片分配機是熬夜K書或你無法忍受吃食堂來源不明的肉品當晚餐時，最佳的良伴。

假如你的大學時光沒有這些東西，可以想想大部分超市都找得到的秤重堅果和糖果，或甚至是農場的穀物圓筒倉。

這些東西的運作方式都一樣：在添加麥片（或者軟糖或穀物）時，東西會從容器的最上方倒進去，落在原本就在裡面的麥片上。你想要一些，便得從最下方取出，新添加的麥片會漸漸往下移動。就這樣週而復始，最新的在最上面、最舊的在最下面。假如你吃麥片的速度比補麥片的速度還快，麥片就會被吃完。如果還有一整排的其他麥片可以選擇，那

沒什麼關係,但要是我們講的是農場裡唯一的穀物圓筒倉呢?假如那是整個社區唯一的糧食來源,用完就會造成問題。

想要避免無餘糧可吃的情況,最好的方法就是取用的量比每天添加的量還少。如果一直這麼做,剩餘的量就會漸漸累積。每天剩餘的量會緩慢地往下移,同時最上方會持續添加新的麥片。如果你都是在吃當天或前一天添加的麥片,那你就會過著戰戰兢兢的生活。這表示你只要有一天沒有補充,你就會無餘糧可吃。

然而,如果你吃的是放了十天的麥片,這表示你在添加麥片和需要麥片之間還有十天的緩衝期(別擔心,那些沾裹巧克力的甜食加了超多防腐劑,保存期限比那長得多)。補麥片和取麥片之間間隔的時間越久,當意料之外的事情發生時,你就會有越多的安定感、彈性和選擇。你會希望在使用麥片之前,把麥片放得越久越好。

越陳越香

你可以使用第四條法則「讓你的錢躺久一點」來計算你

的金錢有多「老」。金錢的「年齡」是以**賺到**這筆錢（放入麥片）到**花掉**這筆錢（取出麥片）之間所經過的時間來計算。假如你週二花的錢週一才剛入帳，那麼這筆錢就只有一天老。假如週一入帳的錢週五才花，那麼這筆錢的年齡就是五天。

法則四比較算是一種工具，不是一條規定，因為我們沒有設定金錢應該多老的絕對標準──總之就是越老越好。我們會告訴別人三十到六十天是個不錯的目標，但是就算只有一天都比零天好，五天也比一天好。總之，努力拉長拿到錢和花掉錢之間的時間。

如果你已經負債，那麼你金錢的「年齡」其實是負的，因為你透過信用卡或貸款，在錢還沒出現之前就花掉了。但，這並沒有改變第四條法則的運作方式。策略還是一樣：花的錢要比賺的錢少，利用這當中的差額來逐漸消滅債務。清除這層障礙之後（你一定可以的），你就不用把多餘的錢拿來還債，而是可以讓它待在戶頭裡慢慢變老。你再也不用支付過去已經花掉的錢。現在，你是把錢送到未來，讓它靜靜在那裡等著日後被花用。

此外，要記住，假如你總是在花用昨天、甚或這週才賺

到的錢，你就算是月光族。這當然總比負債好，但是就跟吃掉今天才收成的穀物一樣，這會讓你沒有任何緩衝時間可以應付預料之外的事物。錢一進來就花掉，其實大部分都是為了要救火。你的目標應該是減緩錢進和錢出的循環，讓自己在賺到錢和需要用到錢之間有喘息的空間。

理智，歡迎回來

　　拿到薪水時不應該花掉，這聽起來或許有些奇怪。金錢對我們大部分的人來說不就是這樣運作的嗎？錢進來了，我們就拿來繳帳單、買自己需要的東西。大部分人的真實狀況就是如此，不需要下一筆薪水的想法感覺實在太不可思議，跟希望自己成為億萬富翁一樣。

　　畢竟，這就是金錢壓力的重點：我們永遠感覺自己不可能超前。薪水的多寡不是重點——假如金錢進出戶頭的速度快到讓你沒有機會好好喘口氣，不管你一個月賺1000美元還是1萬美元，壓力都會存在。你被困在賺錢和繳錢、賺錢和繳錢的循環之中，感覺像是，若你在跑步機上踏錯一步，就會

跌個四腳朝天。

這份壓力大部分跟月光族的情況有關，而這正是第四條法則要幫你克服的。為了將帳單和薪資配合得完美無瑕，我們耗費很多能量和理智，甚至會騙自己，這種很有策略的手法表示我們懂得聰明用錢，因為我們從來不曾被帳單淹沒。然而，如果你能把錢養到至少三十天之久，那個毫無價值的遊戲就會消失，因為這個月的錢早已在那裡等著被花用。

換句話說：

少了法則四，你便有成堆的帳單在等錢進來。

有了法則四，你有成堆的錢在等帳單進來。

花「老錢」對你的健康和理智會有很多好處。首先，你可以找回自己的理智，因為你不用再浪費那麼多腦力和能量應付各種帳單。請想像一下，不用等到下一筆薪資入帳就能付清帳單，是什麼樣的感覺。想像一下，把帳單全部設為自動扣繳，知道戶頭裡一定有錢可以扣，是什麼樣的感覺。那種感覺很棒，你也會睡得更好。

當你不需要馬上把錢用掉，就會浮現這種輕鬆感。這能為你爭取時間——做決定的時間、調整的時間、修正路線的時間。你能等越久才花錢，握有的掌控就越大。你越不能

等，就越會被局勢所控制。

假如你的收入不固定，這份時間的**禮物**會特別寶貴。當你依靠放了很久的錢過活，你就不用因為這個月收入較少而被迫接下這個瘋子的案件，因為你有緩衝金錢。收入越不固定，金錢的年齡就應該越大，這樣你才有緩衝期可以度過現金流較少的月份。

無論你的收入情形如何，錢放久一點都可以幫你熬過高潮和低潮。當你遇到赤字或緊急狀況時，這會讓你有更多選擇。知道自己有錢應付一陣子的支出，你會感到鬆了一口氣。因此不管出現什麼財務困難，你都可以發揮創意，而非只能被動做出反應。

退一步海闊天空

你是否曾經回想起某個狀況，才理解到那事帶來的壓力比你在事發當下以為的還要重大？你（勉強）熬過了那件事，但是現在隔一段時間，才看清楚當時的狀況有多麼糟糕。

這種事常發生在我們去度假的時候。有時，我、茱莉和

孩子深陷在由各種活動和義務組成的瘋狂行程表之中，並沒有發覺到自己的壓力有多大。我們一直在不同的任務之間奔波，晚上倒頭就睡，然後隔天又繼續做同樣的事。

我們只有在抽離狂亂的日常行程之後，才會注意到這些排程的真實影響。當我們設法脫離開來，有那麼美妙的一刻可以*什麼都不做*，只是看著孩子玩耍時，我們才發現：*我們累了*。哇，可真是累啊。光是想想我們把什麼留在家裡，就足以令人招架不住了——適應新家、體育練習、舞蹈課、功課、經營生意、混合健身目標（我和茱莉對這都有一點執著）。

退後那一步是很大的幫助。它讓我們看見生活的全貌，還有我們可能想要做出哪些改變，把生活變得更輕鬆。上次發生這種事時，我們度假完回到家，便取消了大女兒告訴我們她已經很厭倦的舞蹈課。雖然她只有八歲，這一點距離也能幫助她為自己的人生重新設定優先順序。我們認真傾聽。我們也重新開始規劃較簡易的晚餐，這樣就不用每天晚上都要急著思考該煮什麼。這些小小的微調幫助很大。

其他時候，這個距離也會帶來很大的轉變，像是在家自教小孩一年、改變我的工作時程，甚至是決定搬進更小的房子。

在金錢方面，法則四也給了我們同樣清晰的思維。這讓我們有時間檢視現金流的全貌，以便找出什麼具有成效、什麼沒有成效。這同樣是把錢放久一點就會浮現的那種輕鬆感。如果你是月光族，要看清局面幾乎是不可能的，因為你這時只想著生存。第一到第三條法則絕對有幫助，但在一段距離之外觀看金錢的全貌，可以為你的金錢習慣帶來新的一層認知。

　　這就好比你從一件任務跳到另一件任務，中間都沒機會察覺自己有多累一樣。你看不出你的習慣正在傷害你。或許，你只要刪減幾件日常事項就會快樂許多，獲得更好的休息。或許，只要刪減幾個「該做的義務」，你甚至能在工作上表現更佳、對孩子更有耐性、有精力實現健身目標。

　　這就是問題：如果你看不清楚自己過得如何，就看不到可以讓事情變得更好的那些小改變。

　　艾利克斯‧哈岑布勒，一位住在明尼亞波利斯的二十三歲軟體工程師，在他的第一份全職工作上任幾個月後，便出現了這樣的體悟。

當你不清楚自己的狀態，就不知道自己能做到什麼

　　表面上看來，艾利克斯・哈岑布勒的金錢故事好像很無聊（別被騙了）。他生長在一個經濟穩定的家庭。大學時，他一直都有工作，也有夠多的錢可以跟朋友出去玩、買電玩遊戲或進行滑雪之旅。他從十八歲就開始刷信用卡，每次都準時繳納全額。沒有任何債務，沒有任何問題。

　　二〇一五年六月，艾利克斯大學畢業，旋即在目標百貨（Target）的總部得到一份寫程式的工作。哈囉，社會人！現在，他有了401(k)的退休帳戶，很興奮地要開始為退休生活存錢和投資。問題來了：他根本不知道自己能夠存或投資多少錢，因為他沒有在記帳。

　　此外，那時候艾利克斯的四張信用卡也占據了他大部分的財務腦容量。雖然他總是很有責任感地使用信用卡，要繳卡費時他卻出了問題。他說：「我很害怕開啟自動扣繳，要是用來扣繳的戶頭裡沒有錢怎麼辦？要是我少算什麼，錢不夠繳納怎麼辦？我總是有一定的不確定感。」艾利克斯的解決

辦法是設定行事曆的事件和提醒，然後每個月手動繳納信用卡帳單。這令他應接不暇。

在這六個月內，艾利克斯仍然成功存下了實得薪資的15%。聽起來很厲害，但是他感覺自己可以做得更好。艾利克斯回想：「我開始發覺金錢很重要，但更重要的是管理金錢。」他開始閱讀有關編列預算和理財的資訊，並在這時從一個reddit版面上聽說了YNAB。他很快就迷上了四大法則。

領到第一份薪水的一年後，艾利克斯的金錢版圖變得很不一樣。數字說明了一切：

依循四大法則六個月後，艾利克斯存下了實得薪資的70%；在這之前的那六個月，他只存了15%。

我沒有打錯，他從存了收入的15%，跳到70%。而且，他不是靠每天吃泡麵辦到的。艾利克斯坦承：「那些數字看起來幾乎像是假的，但其實我唯一做出的改變就是思考我的支出。以前，我從來不會去想我在什麼東西上花了多少錢。現在想想，那真的很可怕，我竟然不知道我把錢花在哪裡！」

剛開始運用YNAB時，艾利克斯檢視了前三期的信用卡帳單，以便大略估算第一條法則的工作分配。他就是在這個時候發現自己最大的錢坑——外出用餐。

在實行YNAB之前，艾利克斯每個月花費大約450美元在外食上，包括工作休息時間的午餐和咖啡，以及跟朋友出去吃飯。那是從前三期的信用卡帳單推算出來的數字。

實行YNAB六個月後，艾利克斯非常清楚地知道，他每個月外出用餐的平均花費是141.88美元（根據六個月的數據算出來的準確數字）。

艾利克斯說：「一個月外出用餐幾次跟一個星期外出用餐幾次的差別，大到讓我驚愕不已。」明白這一點後，他開始更常從家裡帶午餐去上班。

艾利克斯也改變了其他許多習慣，都是編列預算幫助他發現的，像是老愛買一些他其實不需要的科技產品，還有花在遊戲上多到他不會想要承認的費用。這很快就讓他有更多閒錢可以用來投資和打造緩衝空間。在我寫下這段文字時，艾利克斯花的錢已經放了超過兩個月。他會用十一月收到的薪水，替明年一月的支出編列預算。這個緩衝時間對艾利克斯的心理造成很大的正面影響。

他說：「我從來不覺得我需要薪資。當然，我一定會領到薪水，但我並不需要倚靠下一次、或甚至下四次的薪水來過活。就算只有超前一次薪資，也為日常生活減輕了許多壓力

和擔憂。」

艾利克斯的財務緩衝也讓他對信用卡的態度較為放鬆了。他還是繼續使用那四張信用卡，因為每張都有不錯的回饋，但是現在帳單全都改為自動扣繳。他清楚知道自己在什麼東西上花了多少錢，而且那筆錢就在他的戶頭裡等著帳單出現。事實上，他現在只有在登入帳戶領取回饋時才會想到信用卡。

最大的獎勵來自艾利克斯針對投資目標所做出的進展。他說：「由於我清楚知道我的錢在做什麼，我也知道我能存或投資多少。我每一週都會存100美元到投資帳戶。我知道我能做到這點，因為我已經事先編列好預算。能夠看見全貌比看到這裡一點、那裡一點還要好太多了。」

艾利克斯的經歷大大點出了退一步的力量。薪水每月花光光的壓力消失後，他終於有腦容量可以去思考有哪些小改變能夠帶來大成效。

不是超級有錢人也能做得到

我知道如果你有債務或過著月光族的生活，想要把錢放

久一點感覺是不可能的。每一塊錢在進入你的戶頭之前，好像就已經被提走了。但，這件事真的人人都做得到——無論你的財務狀況如何。

如果你希望非常有目的性地把錢放久一點，可以將這筆錢分開存放。你知道自己一個月通常會花4,000美元？那就一點一點努力存到4,000美元。達到目標後，在新的一個月使用那筆錢，而非下一次的薪水。你瞧，現在你的錢已經有三十天之久了。

不管你怎麼做，想要達成第四條法則的目標，說到底就是要不斷讓花的錢少於賺的錢。我知道你有聽過這句話，這就好像有人告訴你節食和運動可以幫助你減重一樣。可是，這兩句話都是真的。跟變健康一樣，有一個架構能夠讓你抵達目標是很有幫助的。在這裡，四大法則就是那個架構。

把錢讓你的錢躺久一點其實就是遵循第一到第三條法則所會衍生的產物：

法則一讓你更意識到自己的錢在做什麼，你就不會繼續花錢在對你而言不重要的事物上。這會讓你快速實踐支出少於收入。

法則二對金錢可以放多久有很大的影響，因為它要你為

長期支出儲蓄。既然那些錢不會馬上花掉，它就可以待在戶頭慢慢變老。第二條法則也讓你看見有一些未來的必要支出比當下的「慾望」還重要。把錢挪給下個月的房租，而非用來這個星期上班時外出吃午餐，便是在延遲金錢的運用。這些小小的決定可以留住你的錢，讓它在你手上放久一點。

法則三使你持續調整和順應，進而讓你願意長期編列預算。假如你沒有持續做一陣子，你的錢就沒有機會變老。第三條法則也是要針對最後面的那行數字（總額）究責，這會防止你不進反退。

短期瘋狂衝刺

如果你想快速實現把錢放久一點的目標，還有一個辦法：**短期衝刺**。

短期衝刺是指在短時間內採取極端手段，以累積多餘的金錢。一旦賺進夠多金錢，可應付一個月的支出，你就能正式脫離月光族的循環。把自己逼到極限，如果感覺自己再也受不了了，別忘了這只是暫時的。短期衝刺到了尾聲，你可

以撲過終點線，倒在地上喘息，一步都不想動。你本來就不該保持衝刺很長一段時間，所以這才叫做短期衝刺。你可以嘗試下面這些事：

▪ 打第二份工

倘若顧小孩使你無法離家上班，就找一份在家上班的工作，然後趁孩子睡覺時工作。WeWorkRemotely.com是個很棒的網站，可以找到聲譽良好的遠距工作。

▪ 尋找自由接案的工作或零工

搜遍各大網站，尋找跟你的產業有關的零工。同時，發揮創意，運用你的長處賺進更多錢。你力氣很大嗎？可以幫忙搬東西。你會縫紉嗎？幫忙修改別人的衣物。你手很巧嗎？會油漆牆面？修理電腦？裝設大吊燈？規劃很棒的派對？我們往往會將自己的天分視為理所當然，但別人可能願意付不少錢請人做我們擅長的事。在社群媒體宣傳自己的服務；做一個網站或在零工論壇張貼自己的服務內容。說不定你最後會建立起一個小（或大）生意。

▪ 賣掉你的東西

看看家裡，現在你的小女兒剛完成猶太成年禮，你真的還需要那款慢跑嬰兒推車嗎？或是那個被你用來晾精緻織物

的跑步機？翻遍衣櫥和地下室；進行車庫大整理。我向你保證，你絕對會找到非常多沒在用的東西。假如你懶得舉辦車庫清倉會或上去eBay賣東西，可以考慮託售衣服；在亞馬遜販賣你不想要的書；把衣物和玩具整堆放到二手商場或臉書進行線上清倉拍賣。你沒辦法像一件一件賣那樣賺到那麼多錢，但是這樣比較快，省下來的時間可以透過零工賺更多錢。

▪ 卯起來不花錢

記住，這只是短期衝刺，不是永久的。短時間要你做任何事都可以，對吧？可以，你一定可以的。所以，拚命不花錢一個月看看。我不是要你減少你不在乎的事物的花費，因為那只是在編列預算。我的意思是，不要再買你喜愛的事物。在短期衝刺期間，放棄幾乎所有的一切。別只是減少外出用餐，而是完全不外出用餐。不要上電影院。拒買任何沒有必要的物品。到食品櫃尋覓你大部分的糧食，只花錢買必要的生鮮食材。從事免費的娛樂活動，像是健行、騎腳踏車、把食品櫃找到的寶藏帶去野餐。

▪ 出租你的東西

想想你有哪些（沒有賣掉的）東西別人會覺得有價值？你有廂型車嗎？這一樣是在動用自己的東西，或應該是說租

借給別人，讓他們使用。如果你願意使用Airbnb這樣的服務，可以暫時把家租給別人，然後借住朋友家。你可以利用線上網絡出租任何東西：工具、腳踏車、汽車、停車位、衣服等等。你甚至可以出租Wi-Fi網路，上網搜尋看看。

如果衝刺幾個星期後你就受不了了，那你衝刺的速度非常剛好。繼續保持，你有目標，你一定做得到。你很快就會回歸正常生活了，這一切都會值得。

找出潛藏的橫財，然後預算、預算、預算

希莉亞和柯瑞·班頓跟他們的三個孩子一起住在北卡羅來納州。他們準備迎接第三個孩子時，已經使用YNAB一年半左右，成功為現金流創造兩週的緩衝期。這帶來很大的幫助，因為在YNAB之前，他們總是得想辦法讓帳單和薪資配合得天衣無縫，壓力和苦惱很大。

柯瑞的正職是實驗室技術經理，這份收入負責繳納他們大部分的帳單。他每兩週會拿到一次薪水，其中一份全用來繳房貸。柯瑞一個月的第二份薪水則用來應付其餘的支出。

理論上這行得通，但在實行YNAB之前，他們的開銷很多都是使用信用卡支付，因此他們往往不知道柯瑞的下一份薪水能否繳納信用卡餘額，外加其他帳單。因此，開始實行YNAB之前，他們偶爾會有透支的情形。他們很想要喘口氣。

救星來了：領三次薪水的月份。柯瑞都是在隔週的星期五領錢，因此一年裡其實會有幾個月領到三份薪水。在他們開始實行YNAB後不久，有一個月出現了第三份薪水，希莉亞看出這是他們的救星。這就是他們非常需要的緩衝！薪水一入帳，希莉亞就把這筆錢挪給下個月的房貸。接著，下個月出現的第一份薪水則用來應付剩下的月支出。就這樣，他們脫離了月光族的輪迴。他們總算超前了。他們還在努力把錢放得更久一點，但是現在，那兩個星期就已經帶來很大的差異。

然而，這時候出現一個新的挑戰：他們即將出世的兒子所需要的花費。他們必須以現金支付希莉亞和寶寶的保險自負額，外加20%的生產費用。希莉亞是一位兼職家教，可以多接一些時數來幫忙存錢。他們還縮減開銷，但要在寶寶出生前湊到所有的錢依然不可能。於是，希莉亞開始當起偵探。

希莉亞回憶道：「我們需要橫財來幫助我們達成目標，於

是我仔細檢視柯瑞的醫療保險彈性消費帳戶福利，突然想起他們有提供一個健康獎勵計畫。如果你達成某些目標，他們就會把錢匯到你的彈性消費帳戶。」

希莉亞和柯瑞一起完成他們所能完成的所有目標。柯瑞因為使用計步器完成一個走路挑戰，獲得100美元的獎勵；他們因為進行年度健檢，每人各得到150美元；每次他們參加包含減重或運動等主題的電話健康指導課程，就會獲得300美元；他們最大的獎勵是700美元，因為希莉亞參加了懷孕相關課程。這個計畫為柯瑞和希莉亞帶來很大一筆橫財。這些都是在那裡等人取用的不勞之財，全部都被他們用來支付生產費用。

記住，橫財不只是意外得到的遺產或年終獎金。任何突然獲得的大筆現金都算，例如退稅、領三次薪水的月份、員工福利、可以增加工作時數的機會。這裡的重點不是那些多賺的錢（別忘了，這跟金錢無關！），而是每次發生這樣的好事時，都要做出目的非常明確的決定。無論你是想要趕快創造緩衝空間，或是想方設法支付大筆支出，這些小小的額外收入都能幫助你超前，只要你把它們挪給最重要的優先事物。

 MEMO

法則四：讓你的錢躺久一點

　　假如你是月光族，要靠「老」錢過活感覺就像在做白日夢。但是請記住，這不是有錢人才有的奢侈品。你可以試試這些做法：

　　☁ **設定目標，一個月通常花多少就存多少**。達成目標後，就用那筆錢編列下個月的預算。現在，你的下一份薪水就可以隔一個月再花用。你的錢已經正式長到三十天大了。

　　☁ **樂於短期衝刺**。無極限地「不」花錢，能持續多久就持續多久。同時，發揮創意賺進額外（但合法的）收入。省下或賺來的錢全用來為新的一個月存錢。

　　☁ **將橫財挪給下個月當預算**。我們都有獲得意外之財的時候。假如你希望自己的錢放得更久，可以利用橫財超前，把這筆錢拿去編列下個月的預算。壓力的減輕感覺會比把錢拿去買新東西所獲得的短暫快樂還要美妙許多。記住，任何人都做得到這一點，你只是需要聰明地結合目標設定、堅持不懈與耐心。這絕對值得。

第六章

伴侶共同
編列預算

chapter 06

如果你曾進入過一段關係，你就知道各種第一個里程碑是多麼令人興奮：第一次約會（我跟茱莉去了一間很棒的餐廳共享一道前菜）、第一次接吻（在一輛三十年的本田汽車裡）、第一次吵架但發現她沒有要為此把你甩了（二○○二年玩大富翁的時候）。可是，第一次談錢？這通常不會排在任何人的前十名。坦白說，這往往是個令人畏懼的話題，不是什麼叫人興奮的里程碑。

這不能責怪任何人，因為這件事實在有太多出錯的可能。你不會想聽到你愛的人債務纏身，或者當他自由接案的酬勞遲遲未入帳，他卻認為刷卡繳房租超級方便。又或是，那個人其實是你，你也知道自己必須做得更好，但你擔心自己的財務真相會破壞你們美好的進展。此外，我們都聽過大部分的關係是因為金錢觀不合才走上終點。這個主題感覺就像充滿感情地雷的陷阱區。

除此之外，人們很少告訴你愛情和金錢的事。你得到過各種關於約會、婚姻和育兒的建議（如果你們的關係到了那一步），卻沒有得到跟金錢有關的建議，對吧？我們大部分人甚至不知道該如何跟伴侶提起這件事。

如果你打算跟某人共度餘生，那你們一定得找時間聊聊

金錢。這不會是長痛不如短痛的一次性對話。在你們一起生活的歲月裡,你們要持續認識彼此的金錢性格,包括你們的習慣、對金錢的觀念、你們的衝動和夢想等等。你們會一而再再而三地討論金錢,所以最好對這個話題感到自在。

那麼,要如何無痛進行這場逃避不了的對話呢?沒錯——你們需要(共同的)預算。假如你覺得預算聽起來比單純討論金錢還可怕,聽我把話說完。這真的會有幫助。從非常基本的層面來看,以預算的角度談論金錢會容易得多。這下子,我們不需要討論你的債務或我的債務、我的花費或你的花費,而是要談這一切可以如何*在預算內做到*。預算就像一個中立的第三方,使對話扎根在現實生活。沒有預算,不安全感和對金錢的錯誤認知會扼殺我們誠實對話的機會。此外,金錢會不斷變化,尤其是涉及到兩個人時。預算可以把這一切攤在陽光下,不容易產生誤解。

最重要的是,預算會給你們兩人一個設計共同生活的架構,在具體的框架內談論彼此的希望和目標。你們不再是一起做白日夢,而是一起實踐以現實為依據的行動計畫。

一起編列預算跟獨自編列預算其實沒有那麼不同:錢進來了,為每一塊錢分配工作,然後根據計畫花錢。然而,兩

者的相似點也就到此為止，所以我才把伴侶共同編列預算寫成一個章節。

一開始，除非你們兩人都同意編列預算，否則你們沒辦法擬定理財——或人生計畫。許多對伴侶都在此處碰壁。你可能很喜歡預算的概念，但是你的伴侶卻認為那會令人窒息。光是聽見**預算**這兩個字，就可能會催生恐懼和恐慌。

妳說的是：寶貝，我覺得我們應該編列預算。

他聽到的是：寶貝，我覺得我應該把你綁上鍊條，開始微觀管理你的花費。

你說的是：寶貝，我也很想翻修老舊的露臺，我們開始存錢吧。

她聽到的是：寶貝，妳怎麼會認為我們有錢翻修露臺？妳根本不懂理財。

你說的是：寶貝，我不確定我們的錢花對地方。

他聽到的是：寶貝，你要不要花我這個月分配給你的零用錢就好了？

假如你的伴侶不認為自己屬於「理財類型」，他可能會很抗拒。他可能會很害怕得知自己（或你）的金錢的真相，或是爭論說你們並不需要編列預算，因為你們過得很舒服，銀

行裡還有錢。別人都在忙著賺大錢，他不想浪費時間在編列預算的枝微末節上。

如果你難以說服伴侶編列預算有多重要，請確定你有清楚表達「編列預算」的意思。沒有人會被微觀管理或綁上鍊條。重點其實是要你們感到自由和強大。共同編列預算的意思是，你們要一起努力達成共同的目標，而不是你為伴侶設定的目標。你要他跟你一起編列預算，是因為你希望他能針對如何使用你們的金錢發表自己的想法，不是反向操作。

認識你的財務伴侶

當你跟另一個人成為伴侶時，你會了解他這個人的很多事，包括他的習慣、癖好，還有讓他發狂的事物。當你自己的獨特性也展現出來時，你會發現這些獨特性對你的伴侶會造成什麼影響。或許你不覺得自己沖澡時總是會放音樂、星期天晚上一定要看球賽或喜歡熨燙內褲的行為有什麼。這些感覺非常正常，直到你們住在一起了，你才發現自己早上六點的即興音樂會讓你的伴侶很不滿，因為她七點才需要起

床。不過，事情又好轉了，因為你發現她也非常重視星期天的球賽，而且她不在乎你怎麼處理你的四角褲。

不論你以為你們有多合拍，結合成伴侶的過程必定會有學習曲線。開始共同編列預算的時候也是。預算能讓你更清楚地察覺自己的金錢習慣和期待，尤其是這些會如何影響你的伴侶。

如果你們住在一起，也一起編列預算，那你很快就會發現「學著跟你同住」和「學著跟你共同編列預算」這兩種對話其實有很多重複的地方。無論是恆溫器要設定幾度抑或是飲食習慣，都在影響的範圍。你認為的平靜生活可能是大部分的晚餐都可以叫外賣解決，這樣就不必煩惱要煮什麼；但是你的伴侶可能很期待每天晚上做菜，因為這是她紓壓的方式。進行各種安排沒多久，你們一定會知道對方的一些基本性格。

說到金錢，有三件事情是你必須了解伴侶、伴侶也必須了解你的：

你的金錢習慣。你的日常金錢行為是什麼？薪水一入帳你就會馬上轉到儲蓄帳戶嗎？還是你只會在月底有剩餘

的錢才存起來？買東西時你會執著找出最棒的優惠，還是你很自豪自己總是一次付清設計師商品？你會希望每次繳清信用卡餘額，還是覺得繳掉每月的最低應繳金額就好了？

你的金錢概念。 你對金錢的整體觀點是什麼？假如你的銀行戶頭剩不到八個月開銷的數字，就讓你緊張不已，你的伴侶卻在手頭只夠支付房租和披薩的情況下買了香檳，那麼你們最好早點知道對方是這樣的人。這不表示你們不合，但你們的確需要想辦法讓不同的觀點並存。

在關係中你會帶進什麼。 不論你是會帶進一大堆債務還是一大堆金錢進入這段關係，你們都必須講開。你們要怎麼應付自己帶來的東西？這會如何影響你們的預算？你會想要利用你們的共同預算幫忙償還伴侶的學貸嗎？做法有無限多種，可能的情境也是。此外，也必須要明白，這當中有無限個會造成誤解或甚至羞恥的機會。然而，清楚說出自己的計畫、點子和感受是唯一的前進方式，你們可以一起決定當兩人的世界合為一體之後，現實會是什麼模樣。

在進入預算的編列過程之前，有很多需要彼此了解的地方，所以請慢慢來，對自己和伴侶誠實。你們可以在幾次對話後就知道基本的東西，但是認識伴侶的金錢行為是一個長程的探索之旅。

當不同金錢觀成長背景的兩人碰在一起

我們每個人對待金錢的方式，有時是源自成長背景。你可能會對伴侶的財務歷史感到震驚，或是非常興奮你們有很相似的背景。無論是哪種情況，只要知道彼此會帶來什麼——不管是債務餘額或習慣，你們都能找到方法共存。

蘿拉的父母是藍領階級的西西里移民，深信孩子必須了解「一塊錢的價值」。在父母的敦促下，蘿拉十五歲的時候就在當地的窗簾店找到了第一份課後兼差。蘿拉領到第一份薪水後，她媽媽立刻跟她一起開了一個共同帳戶，還有一張共同信用卡。蘿拉的初始餘額就是那第一份薪水：185美元（約NTD 6千元）。

接著，各種教學開始了：**要繳信用卡時，支票要這樣**

寫；要這樣從帳戶餘額扣掉這個數字；從這裡可以得知自己還剩多少錢可以花（或存）。

現在，當蘿拉十五歲時，知道帳戶餘額還有多少，只是讓她知道自己買不買得起珍珠果醬（Pearl Jam）樂團的新專輯。那時候可以損失的東西並不是很寶貴（她對樂團主唱艾迪‧維達的迷戀除外），可是她把這種實事求是的花錢方式帶到成年時期，這就造成了很大的影響，幫助她在真正重要的時刻做出聰明的金錢選擇。

小時候，蘿拉的媽媽刻意不告訴她信用卡其實可以不用繳納全額。她告訴蘿拉，如果沒有錢繳帳單就不能用那張卡。她以為事情就是這樣（嗯，她這樣想是對的）。後來她知道了，累積消費型債務嚴格來說也是一種選擇，但是到了那時候，她已經覺得這種想法很荒謬。她比較喜歡有錢才花錢的做法。這比較單純。

事實上，蘿拉接受的教養很罕見，很多人小時候家裡都從不討論金錢，尤其不會跟小孩討論。蘿拉的丈夫歐文還記得，自己十二歲時因為詢問爸媽他們家是富人、窮人還是中產階級，結果就被罵了。他在新聞上聽見這些詞彙，發現自己完全不曉得他們家屬於哪一種。他們住在一棟舒適的房子

裡，他從來沒看過父母購物時皺一下眉頭。然而，他完全不知道他們是在錢堆裡打滾，還是被債務追趕。現在，二十五歲的他依然一無所知。

歐文在大學時期回覆了一封廣告信，就這樣拿到了人生的第一張信用卡。他很喜歡自己可以想買什麼就買什麼，然後只需要繳納每月的最低應繳金額。他想：「這就是財務自由！」等到他畢業時，他已經負債數千美元。幸好，越來越多的未繳餘額有嚇到他，讓他立刻停止刷卡。

歐文決定向蘿拉求婚時，他還欠了7,000美元（約NTD 22萬4千元）的卡費，所以要跟她說這件事讓他很緊張。他有注意到蘿拉花錢花得很務實，因此他覺得她肯定無法理解當年他跟室友瘋狂上電影院或到處吃雞翅的無憂歲月。但，他覺得沒有告訴她這件事就不能跟她求婚，否則對她太不公平了。

把這件事告訴蘿拉並沒有他想像的那麼可怕。她說，她的大學朋友很多都會每天拿卡出來刷，而她以前總是不懂他們怎麼有辦法支付帳單。答案是：大部分的人其實都沒辦法。因此，她非但沒有批評歐文，反而把繳清卡債當成一個需要克服的挑戰。他們要如何以合理的速度盡快獲得7,000美元？她想起歐文從爺爺奶奶那裡接手的八年本田中古車。他

以前會開車去上學，但現在他們都住在紐約，那輛車就擺在新罕布夏州父母家的車道上。他是不是可以把車賣掉，用來還債？

歐文欣然接受。他已經耗費太多心力在擔心蘿拉會怎麼想他的債務，導致他無法清晰地思考自己能怎麼樣更快地還清卡債。他很少用車，如果他們週末想要開車出城，很容易便能租到車。他以6,000美元（約NTD 20萬元）的價格賣掉本田，馬上用來還債。1,000美元（約NTD 3萬3千元）的餘額感覺實在是輕鬆多了。接下來，他便能專心存錢買戒指了。

無論你的財務狀況感覺有多糟，你都要逼自己跟伴侶誠實。誰曉得呢？說不定她跟你一樣害怕分享自己的財務狀況。如果你們的感情夠牢固，你的伴侶很有可能會提供精神上的支持，就算只是幫助你把自己的處境看得更清楚。你也可以為她做同樣的事。記住，你們要一起面對。

你的第一次預算約會

還記得跟伴侶的第一次約會嗎？你們兩人都表現出最好

的自己，問對方關於希望和夢想的問題。你們很認真傾聽，對方說話時完全沒看手機一眼（你現在當然也沒有這樣囉）。

你們第一次一起編列預算也應該以類似的方式展開——從第一次預算約會開始。在熟悉編列預算的流程之後，你們會有每月一次的嚼數字會議（不過我們還是喜歡把這些想成約會），但在一開始，第一次約會不應該牽扯到任何數字，只要專注在YNAB的我們喜歡稱呼的第零條法則就好。

第零條法則就是決定對你們來說最重要的事物。這是編列預算的根本，如果沒有清楚知道你們重視的東西是什麼，你們就無法深入第一條法則。

你們可以利用第一次預算約會，從三個角度探索第零條法則：你自己覺得最重要的事物是什麼、你的伴侶覺得重要的事物是什麼，以及身為伴侶的你們共同重視的事物是什麼。這些會演變成你們的預算優先順序，因為當伴侶共同編列預算時，預算會有三套優先順序：你的、我的和我們的。

要找出這些優先順序，唯一的方式就是討論。想法寬宏一點。敞開心胸。說說你們的希望與擔憂。這些對話最後確實會變得很像第一次約會的談話內容，只是你現在不需要那麼擔心會把對方嚇跑。你的伴侶大概早就知道你很愛收藏《星

際大戰》的可動公仔，如果她還是選擇跟你在一起，那她不會很驚訝地得知，分配預算給你的收藏對你來說是優先事物之一。真愛將會戰勝一切。

你們不可能一次對話就知道一切，因此請在第一次預算約會找出各自和共同的一些大範圍的優先事物就好。你想在共享工作空間租一張辦公桌，好完成你的小說嗎？你的伴侶想投資程式課程，以便轉換生涯跑道嗎？你們兩個都想要存錢買房嗎？想為即將出生的寶寶準備財務緩衝嗎？想到斐濟進行一趟史詩之旅？把數字忘了，利用這個時間暢談你們希望你們共同的生活是什麼模樣。

如果你們花了一陣子才對這件事得心應手，別擔心。談論金錢並不容易，給自己多點時間和很多練習就好。

釐清你的、我的和我們的

你的。我的。我們的。想要深入一段預算關係，一定要明白有這三套優先順序的存在，並開誠布公地談論它們。不管你們的關係有多牢固都一樣。如果你們沒有對彼此坦白你

們個別重視的事物和共同擁有的目標，預設心理將帶來阻礙。我們非常容易假定你的優先順序跟我的一樣，或者我們的優先順序永遠比我的重要。這些沒有說出口的假設是讓伴侶一起編列預算時充滿壓力的原因，但其實完全不需要有壓力。

要弄清楚優先順序並消除編列預算的壓力，關鍵在於**溝通**。有時，就連要決定某項優先事物是你一個人的，還是你們共有的，也很困難。畢竟，如果買給你的東西會讓你更快樂、健康或成功，難道不能說這對你們兩個都有好處嗎？甚至如果你們有小孩的話，對全家人都有好處？可以這麼說，只要你們都同意這是共同的優先事物，這麼做並沒有錯。可是，這可能會導致你們有一大堆共同優先事物在擠壓你們的預算。

我建議你們把優先事物的數量縮小，大約一人一件，另外還有兩件共同的。你的優先事物大概比這還多，但請努力聚焦在一件最自私、個人的優先事物上。接著，給彼此較多的餘裕花費在這項事物上面。所以，嬰兒軟墊和斐濟之旅可以設為共同優先事物，共享工作空間是你自己的，而程式課程則是伴侶的。或許，你們決定存下房屋頭期款是共同優先

事物，但是你們同意現在先不要撥款給這部分，因為其他事物更重要。如何分配事物並不重要，只要你們有一起做決定就好。

我的朋友陶德和他的妻子潔西卡已經編列預算很久了，因此他們對預算約會非常得心應手。在他們的對話（和潔西卡的玩笑）之中，常會說到陶德個人最大的優先事物之一是跑步。他是狂熱的跑者，因此需要編列不少預算給跑步用品、按摩和出遠門參加比賽等費用。潔西卡開始自己的事業後，出差、研討會和訓練成為她最新的個人優先事物。對潔西卡來說，投資時間和金錢在培養她的技術和專業人脈是很重要的，這樣她才能拓展事業。

陶德可以說，他的跑步開銷算是共同的優先事物，因為跑步讓他保持理智，成為更好的丈夫和父親（他是真心這麼認為）。潔西卡也可以說，拓展她的事業讓她成為更好的妻子和母親。所以，這些是共同的目標嗎？從某方面來說當然是，但陶德和潔西卡決定把這些設為個人優先事物。潔西卡雖然覺得，花這麼多錢買運動鞋真是瘋了，但是她信任陶德。陶德不可能知道拓展潔西卡的事業最好要投資什麼，但他信任她。於是，他們把這些決定留給對方，共同的努力放

在其他目標——他們兩個都想要整修樓上的浴室，還有帶孩子去另一趟長時間的暑期之旅。

這對雙方都好：陶德可以自由花錢在跑步上、潔西卡在事業上，而他們兩個也都樂意把錢優先存來旅行和裝修。需要時，他們會犧牲其他較不重要的目標。分配優先事物沒有什麼正確的做法，他們必須坐下來一起決定。

我和茱莉共有的兩個優先事物是家庭假期和每週約會之夜。我們很愛跟孩子一起旅行，因此我們會認真存錢，一年至少出門度假一次。此外，我們也很嚴格執行每週一次的約會，這包含花錢請保姆顧六個孩子。（我們有一次試著讓十二歲的波特當保母，但他最後卻把弟弟妹妹當下屬使喚。我們在等八歲的莉蒂雅夠大了以後由她接手，她一定會做得很棒。）

有時，我們會到一間很不錯的餐廳約會。我們很愛外出用餐，但是由於茱莉本身就很會做菜，所以除非去吃茱莉在家不會做的料理，否則感覺沒有必要。有時，我們的約會時光就只是不帶孩子在好市多悠閒逛逛，能夠瀏覽架上的商品、嚐遍試吃的食物，沒有小孩子在後面為了有機的兔子餅乾爭吵，感覺就是很好。難道只有我們這樣嗎？

茉莉的個人優先事物之一是漂亮的家具。要是我能夠作主，我肯定會把家裡放滿宜家（Ikea）的家具，然後就撒手不管。但是茉莉完全相反。她希望我們擁有的每一件家具都是她喜愛的。她寧可房間空蕩蕩的，也不要放滿不是她絕對喜愛的家具。你可以說家具是共同開銷，就跟陶德和潔西卡的裝修費用一樣，而從大部分的角度來看確實是這樣。但，我和茉莉決定把這變成她的個人優先事物，讓她對於我們要買什麼家具有完全的掌控權。此外，我們也撥很多預算給這個項目，如果把它當成共同開銷對待就不會那麼多。

多年來，我個人的優先事物是我們去年購買的特斯拉Model S。我已經為它存錢存了很多年，我也知道我一天到晚談論這輛車讓茉莉十分抓狂。我覺得買了之後她應該是鬆了一口氣，這樣她就不必繼續聽我一直碎唸。她一點也不在乎我們開什麼車，因此這雖然是我們家的車，買特斯拉卻是我的優先事物。現在買了，我新的個人優先事物變成滑雪裝備。

一旦開始接納你的、我的和我們的優先順序這樣的分別，你們肯定會學到跟對方有關的新事物。你也會驚訝地發現，知道自己的個人目標（不管是責任或癖好）在你們共同的人生規劃中擁有屹立不搖的地位，是一件多麼讓人感到釋

然的事情。

共用的那一筆錢

說到優先順序，我很強調區分你、我和我們的之重要性，但說到金錢的來源和放置地點，卻是要恰恰相反才對。

在YNAB，我們鼓勵伴侶把所有的錢放置在同一個共同帳戶。信用卡也是，留一張就好，或者假如你們希望各自擁有各自的刷卡歷史，就把數量限制為一人一張。

倘若分開戶頭很適合你們，那樣也不是錯的，因為就跟預算裡的一切一樣，你們可以自行決定什麼最有效。我們鼓勵使用共同帳戶，主要是因為這很單純。可動的成分越少，理財越容易。就算你完全沒超出預算，四張信用卡還是比一張難管理。此外，管理這麼多東西會使你無法專心做出重要的決定，還往往會導致決策疲勞。你們被迫討論錢從哪裡來、該放到哪裡等技術性細節，而非談論目標和願景。

撇去技術性層面，共同帳戶也會使你不再計較誰賺了哪些錢。你們做了決定要成為終身伴侶，誰賺了多少錢並不重

要。這是一大筆共用的金錢，會一起資助你們共享的人生。欣然擁抱這一點，在旅程中互相扶持。

運用你的、我的、我們的來應付壓力

第五章曾介紹過希莉亞和柯瑞‧班頓。在緩衝策略幫助他們脫離月光族的循環後不久，希莉亞和柯瑞坐下來重新討論他們的優先順序。他們的預算實行得很棒，但柯瑞總是抗拒談那些數字，而在另一方面，希莉亞需要談數字才會感到信心。談到後來，他們誠實吐露各自希望的生活是什麼模樣。雖然他們的優先事物十分不一樣，但這些都有一個相同的主題——希莉亞和柯瑞希望預算能協助減輕他們的壓力。

他們的共同優先事物是減輕債務。他們同意，如果可以知道他們在債務上有實質的進展，他們的壓力會比較小。現在，問題解決了。

柯瑞最大的優先事物就是能夠不用再應付預算。真的。柯瑞一直苦於焦慮和憂鬱，談錢只會增加他的壓力。

希莉亞負責處理預算，她也知道柯瑞不喜歡討論這些（因此她才建議一起檢視優先順序），但她沒有發現談預算有多麼困擾他。知道「不用討論預算」本身就是柯瑞的優先事物，對希莉亞幫助很大。在確定兩人共同的優先事物仍是減輕債務之後，她知道法則一剩下的決定都由她作主。

希莉亞說：「為了可以不用應付預算，柯瑞接受我做的任何金錢決定。當他想要在某方面花錢卻沒有錢時，他就會明白。要是有一個月沒有上餐廳吃飯的預算，他會知道那是因為有比優先順序更高的事物需要那筆錢。這種做法很適合我們。他比較平靜了，我也不再擔心他會怎麼想我做的某個金錢決定。我不問他，他會比較快樂。」

對希莉亞而言，最能減輕壓力的優先事物就是請人幫忙打掃家居。柯瑞同意了，因此居家清潔現在屬於他們預算的帳單類別的一部分。「我們同意由我編列預算時，居家清潔這個項目比任何非必要的開銷還重要。很可惜，我們尚未完全存到第一次清潔的費用，但是知道這是預算內的優先事物，就能減輕我的壓力。每次挪錢給這個目標，我就感覺很好。」

保持每月一次的預算約會

　　好的，你們最終會需要坐下來，一起檢視各種數字，但是我保證，這不會是痛苦的檢討大會。預算約會最不應該變成這樣。你必須把這些約會變成一個安全空間，讓你可以坦然表達、傾聽伴侶、互相妥協。沒錯，你們得討論枯燥乏味的數字，但是別忘了，重點其實是要維持在正軌上，實現你們一起設定的目標。請將每月一次的商討當作約會（而不是會議）對待，營造出溫暖的氣氛。拿著平板窩在沙發上；泡杯熱可可；或到咖啡廳邊吃甜點邊聊聊彼此的狀況。

　　我知道這聽起來是說比做容易。確實也是如此，你們的金錢對話並不會因為我說氣氛應該要溫暖誠實，就變得溫暖誠實。想要在約會期間營造這樣的氛圍，唯一的辦法就是把預算變成你們日常生活的一部分。你們若都有動力達成目標，你會發現這其實很自然就會發生。

　　也許你們一個月只檢視預算一次，但是共用預算會讓你們的對話和行為時時刻刻都染上預算的色彩。有時，你們可能明確提及預算，像是對伴侶說：「噢，我今晚真的很想叫壽

司外送，但我寧可把那筆錢挪給我們下個月的旅程。」或者你們可能會一起擬定買菜策略，這樣才不會超過每個月的目標。有時，你們不會明說，例如兩人都在好市多的電視展示架前面（這些每次都擺在一進門的地方）停下來眼巴巴地看，但是你們只會停一下下，然後就繼續走，因為你們知道家裡那臺沒那麼智慧的電視也很好，你們寧願把那些錢存來買冰箱（就在前面幾排的位置）。

每一次的日常互動中，你們都在實行你們的策略。就跟任何一個團隊一樣，你們越能透過計畫建立連結，就越強大。試想：飛行員和飛航管制員在跑道上或許已經協議好某些決定，但在飛行途中他們還是得保持聯繫，才能視需要調整計畫。同樣地，你不能期待一個月只討論一次，預算就會發揮效用。你們必須在花費決定出現的同時持續溝通。

如果你們每天都有交流預算，每個月的討論就會相對輕鬆，甚至顯得多餘。三十分鐘應該就夠總結前一個月的狀況，並為接下來的月份擬定計畫。這件事做得越多次，你就會越擅長。過了幾個月，你們的預算討論可能只需要花十到十五分鐘（但是「約會」的部分希望可以持續得更久）。

讓四大法則引導你們的會議。假如你們才剛開始編列預

算，先設定優先順序（也就是完成第零條法則的約會），然後實行第一條法則。一起為每一塊錢分配工作，這樣你們兩個都知道每個月的目標是什麼。剛開始的前幾個月，你們針對某些開銷類別或許只能用猜的，像油錢和買菜金。沒有關係！你們一起編列預算越久，就越能夠知道實際的花費。很快地，你們的每月約會就會變成實現目標的戰略會議。

在設定優先順序、分配工作給金錢時，你們自然會進入**法則二**。一起設定長久的儲蓄目標，並對彼此誠實。假如你的伴侶想要盡快繳清車貸，但你卻比較在乎來一趟迫切需要的旅行，就好好溝通。別忘記那三套優先順序（你的、我的、我們的），同時探討沒說出口的預設心理是否可能是摩擦的起因。

此外，也要接受優先順序是會改變的。或許剛開始一起編列預算時，伴侶很興奮地想要為那趟旅程存錢，但是實際看你花錢花了兩個月之後，她的心意改變了。現在，她比較在乎還清你的債務，替未來釋出預算。除非她直接告訴你，否則你不可能知道這點。但是，如果你們每個月的會議沒有令她感覺是個安全開放的空間，可以吐露她在乎的事情，那麼她可能就不會告訴你。

法則三會出現在你們每個月的預算約會，但是這條法則

真正顯現的地方其實是在日常生活。像是當你說到「唉，才十七號我們的買菜預算就爆了！」的時候；說到「我知道我們有說這個月不該買衣服，但是我要跟執行長吃飯，而我最好的那件褲子現在穿不下了」的時候；說到「我們怎麼會忘了幫你媽媽的生日編列預算？」的時候。在每個月的會議中，你們會為了克服難關而修正目標，但第三條法則不應該一個月才討論一次。如果其中一人發現你們偏離了正軌，或者真實人生無法配合預算，就要花一點時間一起決定你們該如何修正，不管今天是這個月的幾號。

法則四是很棒的工具，可以判斷你們整體的表現。觀察自己是如何談論下一份薪水，就能快速確認金錢的年齡。假如你們一直要依靠下一份薪水來分配預算，那你們就知道你們的金錢一點也不老，甚至年齡可能是負的。你們可能會出現這樣的對話：

「等你／我的下一筆薪水入帳，我們就能……」

「……挪錢給花過頭的那個類別。」

「……繳下星期到期的那份帳單。」

假如你就是這樣，別擔心。你們共同編列預算，就可以脫離月光族的循環，建立放比較久的金錢緩衝。持續一點一

滴接近目標就對了。

當你們的錢越放越久，你們會發現自己對下一筆薪水的觀點完全改變。你們不再倒數計算薪水什麼時候才會到，好拯救你。現在，你們有更多選擇，可以隨心所欲運用它！你們可以把錢分配給之後的月份，如果這會為你們帶來快感的話。你們可以把錢投入大型的儲蓄類別，更快達成那些目標。你們有時間、喘息空間和自由，應該善加利用，跟伴侶開啟更多對話。你們的預算會議將不再強調如何維持生計，而是看著理想的生活漸漸實現。

個人零用錢的力量

人們常常存有一個誤解，認為預算就是要限制自己。編列預算就表示不能再外出用餐，或者不能再到名牌服飾店閒逛紓壓，就連特價區也不行。現在你已經知道這是錯誤的，替能夠為你帶來喜悅的事物編列預算其實很重要。

跟伴侶一起編列預算也是一樣，只是我們還會鼓勵伴侶更進一步，讓兩個人都有一筆不得過問的「個人零用錢」。我

們還是希望你們能設定那些帶來喜悅的類別，如外出用餐和購物等。可是，「個人零用錢」不太一樣。在這個類別中，你們兩個都不需要告知對方你拿這筆錢做什麼。假如你決定把自己的零用錢摺成紙鶴，從懸崖上放飛，那也是你的選擇。你們這麼做還是有一起編列預算，因為你們同意各自可以拿到多少「零用錢」。剩下的就由你自己決定。這類似我前面提過的衝動購物預算，儘管這些開銷是一時興起的，但還是有事先規劃。編列零用錢的預算就好比在時間方面超級有效率，但又允許自己有一點時間可以看著窗外發呆。發呆也是很有價值的。

零用錢的預算有多少都沒關係。起初，我跟茱莉一人真的只有5美元的零用錢，但這還是帶來了很大的差別。能夠擁有*隨心所欲運用一小筆錢的自由*，可以讓艱苦的編列預算歲月變得更容易忍受。我們到現在還是會這麼做（但是我可以很高興地說，現在我們拿到的不只5美元），永遠不會放棄這個類別。請為你們自己這麼做。沒錯，你們要設定目標，努力實踐，但是也要留點空間給那隻紙鶴、餐廳預算用罄時衝動購買的那杯得來速奶昔，以及有那麼多事情必須完成時，還能望著窗外發呆的小確幸。

MEMO

作為伴侶編列的共同預算

我向你保證，伴侶共同編列預算並沒有想像中可怕。牢記以下這些重點，你們就能讓（對預算的）愛長存：

¶ 剛開始編列預算時，要了解彼此的金錢習慣、金錢概念，並確認彼此帶了什麼到關係中。

¶ 安排固定的預算約會，並把這些約會變得好玩（你甚至可以為這些約會編列預算！）。金錢方面的討論大概不會持續很久，因此你們也可以用這個時間討論你們想要一起擁有的生活有哪些目標該完成。

¶ 設定*你的*、*我的*和*我們的*之優先順序，還有各自都會拿到的一筆不得過問的零用錢。

¶ 可以的話把兩個人的銀行帳戶和信用卡合而為一，這樣你們就不用浪費時間移動不同的帳單和帳戶，可以一起專心做出很棒的決策。

第七章

無論處境如何都要砍掉債務

目前為止，我在這本書都保持得很公道。你現在已經知道，我絕不會告訴你怎麼使用你自己的錢。你的優先順序是你自己訂的，四大法則只是要幫助你更清楚地明白自己想要什麼，以及如何得到那些事物。只要你真的有錢可以花，我絕不會評斷你的花費決定，不管你是想要買鑽石狗項圈或美國太空總署等級的無人機，隨便你。如果這讓你快樂，你也有挪錢給這些東西，就買吧。

但是，我得承認，說到債務我無法冷靜。好吧，我會發瘋。這是我唯一會告訴你該怎麼做的時候，而且如果這麼做可以發揮影響力，我會用大聲公告訴你這件事。你知道我要說什麼，因為我在前面已經說過了：

擺脫它。

你既然都在讀這本書了，我大概不需要說服你努力減輕債務。畢竟，很多人會產生「我需要預算」的頓悟，很大的原因就是為了應付債務。但是，我想清楚說明「為什麼」我認為債務是個很大的問題。大部分理財專家都會跟你說，原因在於那些利息。繳利息當然不好，但那只是債務問題的一小部分。

我對債務很感冒的原因是，這會限制你的現金流。當你

每個月為了已經發生的事情必須繳納數百（甚至數千！）美元，你的錢就無法用在優先事物上。那跟YNAB希望你做的行為恰恰相反。YNAB希望你為現在和未來發生的事情做選擇。你有很多工作想要分配給每一塊錢，但是如果有債務在那裡，它就會在那些錢都還沒入帳之前就把錢都占走了。你的選擇因此受限。消費型債務最糟糕，因為這大部分都源自你根本不在乎的東西，你今天的優先順序會被打亂，就是因為它。

債務不是你的選項

債務不是你的選項。請把這句話變成你的新座右銘。別讓債務成為財務選項之一。如果真有必要，把這句話錄下來反覆播放，因為一旦繳清債務之後，你就不可以再陷入債務。如果你的目標太龐大、帳單太可怕，要堅定立場，相信債務絕不能成為選項之一，然後迫使自己找出解決之道。我和茉莉當初試圖繳納帳單和存錢生小孩時，就是這一模一樣的想法驅使我創立YNAB。我就是不考慮借錢，所以我想到

可以嘗試販售YNAB試算表。這改變了一切。如果你堅信債務不會是選項之一，你就會找到別的辦法實現目標。

這時候，各種論點很快就會出現：*那房貸和學貸呢？有些必需品太昂貴，沒辦法用現金支付。有一種東西叫做好債（good debt）！*

這些話我聽多了。我確實同意不是所有的債都生而平等。基於我上面所說的理由，*目前為止*最糟的是消費型債務。然而，同樣基於我上面說過的理由，其他類型的債務還是不好。我在決定債務是好是壞時有一個準則，那就是你借錢得到的東西會不會價值越變越少。貸款買新車永遠是個很壞的主意，因為它的價值在你開上路的那一刻就開始減損。買二手車的損失雖然較小，但是如果需要貸款購買，這仍然屬於壞債。

房子通常不會貶值，除非你在泡沫經濟的時候買進（或在金融風暴的時候賣出）。我還是會以很快的速度繳清房貸，但是如果真要主張什麼是「好債」，房貸在對的條件下是個不錯的例子。所謂對的條件是指，購買完全在你能力範圍之內的房子，且還貸方式十分符合你的預算。我在第二章提過，我不認同叫你買房支出不能超過某個百分比的那種理財建

議。那種建議沒有考慮到許多可能影響你決策的因素，例如通勤費用等。因此，我說房貸應該要「十分符合你的預算」，但是只有你能夠決定，從你的人生全貌來看，多少算是「合理」。你如果能清楚知道自己真正的優先順序是什麼，你就能清楚知道對你來說合理的房貸是多少。

你也已經知道我對學貸的看法是什麼（咳咳，請見第三章）。不為了學費借錢，也絕對有可能得到很好的教育。我自己就做到了，也打算教導我的六個孩子如何做到。但，這算是「好債」嗎？大學學歷不會貶值，但是你必須非常謹慎。不管這些數字是否與你畢生的熱忱相呼應，許多產業和學科其實無法為你扛起的貸款帶來相應的「報酬率」。

但是我能明白，很多人其實早已過了大學時期，現在已經被學貸卡住。沒關係，為了過去的決定痛罵自己也並無意義，只要專心消滅貸款就好。如果你有小孩，或計劃生小孩，請給他們一份禮物，將貸款從大學規劃的公式中拿掉。政府和民間借貸機構花了數百萬美元要讓我們相信，學貸是不可避免的。結果他們成功了，這真的很糟。聯邦學生援助免費申請的海報掛在每一間高中，彷彿那是指定閱讀似的。因此，學貸變得跟指甲倒刺一樣常見。

別讓債務成為選項之一。我謹遵這句話，但我也明白無債人生對你來說可能非常遙遠。80%的美國人都背負著某種債務。年輕世代特別嚴重：89%的X世代和86%的千禧世代都扛有債務。[1] 沒關係，只要你瘋狂繳清債務，然後瘋狂運用第二條法則保持無債一身輕就好。

我為什麼要急著繳清房貸？

當我告訴別人我和茱莉趕著付清房貸時，總會收到很多問題。他們想知道，這是不是什麼神奇的理財妙招，他們也應該湊一腳。嚴格來說，是的，如果繳貸款的速度比貸款年限快，你會省下很多利息。你可以很容易在網路上找到房貸計算器，告訴你繳的速度多快能省下多少利息。但，這不是我們這麼做的原因。

我們最大的動力跟理財策略完全無關。我和茱莉就是喜歡住在已付清的房子裡。沒什麼比得上那種感覺。你可

---

1 出處：皮尤慈善信託基金（Pew Charitable Trusts），「美國債務的複雜故事」，2015 年 7 月，http://www.pewtrusts.org/~/media/assets/2015/07/reach-of-debt-report_artfinal.pdf

以按計算機按一整天，但是到頭來，沒有房貸的感覺就是棒呆了。我們在我二十五歲時訂下目標，要在我三十歲生日前繳清第一個家的房貸。最後，我們成功達標，還有八個月的餘裕。我們現在又有房貸了，但我們希望能在三年內繳清。同樣地，這不是什麼高級的理財策略，只是我們決定這是我們的金錢最優先需要完成的工作之一。我們就是喜歡住在已付清的房子裡，因此我們根據這來安排支出的優先順序，讓這件事盡快發生，就這麼簡單。

別急──真實支出優先

所以你現在認同我的看法了？要先付清你的債務。你不會後悔的，但是你必須用對的方式執行。盡管我那麼討厭債務，我不會叫你馬上著手消滅它。能夠做得到當然很棒，但是首先你要先編列好必要支出和其他優先事物的預算，才能確定你真正負擔得了的金額。別忘了，第二條法則的真實支出有很多都是排在最前面的優先事物，儘管這些不是每個月例行的花費。不要忽略這些支出，否則當「意料之外」的帳

單一出現，你很有可能馬上又身陷債務。你可能會遇到汽車爆胎；家人可能期待收到節慶禮物；男友的生日你不能忽視（真的不行）。為這些不可避免的支出建立好緩衝，你就可以認真還債，不用擔心之後猝不及防。

法則二是你的債務解方，請用它來確立你能還多少債，然後持續用它來讓自己**永遠脫離債務**。思索一下第二條法則和債務的運作方式：

使用**法則二**，你是把錢分配給之後才會出現的開銷。

背負**債務**，你是在花費之後才會得到的金錢。

法則二把你往前推；債務把你往後拖。

一切都回歸到同一件事，那就是釋放現在和未來的現金流。不要忘記這點，尤其是當你同時要繳多筆債務餘額的時候。許多「擺脫債務」的提倡者和債務滾雪球法都會建議，當你繳清一筆債務之後，馬上將你原本繳納第一筆債務投入的金額拿來繳納下一筆債務。這或許對你行得通，但是請不要這麼快凍結這些釋出的金錢。

先檢視你的預算：你能不能用這些錢更穩妥地資助任何真實支出？你有沒有新的優先事物出現，是剛開始還債時並不存在的？假如你決定剩餘的債務就是你最迫切的優先事

物，那麼當然要把那些現金流投入另一筆債務餘額。但，這不是非得如此，你擁有掌控權。

基於這個理由，如果你有多筆債務，我們建議你先繳清餘額最少的那一筆。我們希望你減少每個月纏身的債務數量，這樣你才有更多自由決定如何運用自己的錢。一切都回歸到「簡單」。你得應付的東西越少（不管是戶頭或債務），你就有越清晰的頭腦可以專注在對你來說最重要的事物。

還債技巧：運用法則四消除壓力

米契爾・伯頓完成大學最後一年的方式，就跟大部分的千禧世代一樣：他很興奮自己要去征服世界了，但同時也很擔心學位附帶的那筆學貸。

他猜想這筆貸款應該很多，但是他並不清楚自己究竟揹了多少債，直到二〇一一年的春天他第一次查詢學貸餘額才發現──104,000美元（約NTD 332萬8千元）。

他嚇傻了。「我完全不敢置信，感覺難受極了。我還打給我的父母：『你們知道我們申請了超過10萬美元的學貸

嗎？』」

但是，米契爾喜歡挑戰，於是他決定以最快的速度償還學貸。他在畢業前好幾個月就開始全職工作，把所有可以存起來的錢全部投入償還學貸。

「我的第一份工作薪水是年薪45,000美元（約NTD 144萬元），一個月大概可以剩餘2,000美元（約NTD 64,000元）。我逼自己每個月還1,000美元的學貸，但我還得繳納芝加哥市中心套房的租金，並支付其他開銷。我把自己逼得很緊，一天到晚都在擔心錢。」

大部分的人都知道這種感覺。就算你從不曾面臨跟米契爾一模一樣的狀況，那種努力把帳單和薪水配合得天衣無縫的壓力肯定很熟悉。這是手頭實在太緊繃所導致的後果。只要一點點失手，你就可能陷入信用卡卡債，若以米契爾的例子來說，那將替他為自己創造的勒褲帶情境增添更多壓力。

米契爾知道他不可能過著這種財務緊繃的生活太久，於是他去尋找解方。他找到了YNAB。

他說：「第四條法則改變了我的窘境。運用YNAB一個月後，我開始靠前一個月的收入生活。知道手上有足夠的現金可以支付一整個月的帳單，為我減輕很大的壓力。」

那麼，他是如何從買花生醬還得數數看硬幣夠不夠，短短幾個星期就變成有整整三十天的緩衝？答案在於策略——還有生存意志。

　　「我本來有一層又一層的壓力。我有扛債的壓力，還有過著月光族的生活，每天都要想自己買得起什麼的壓力。實際生活中挖東牆補西牆的情況已經快把我壓垮了。我知道這一切若不停止，我一定會累倒。」

　　米契爾實踐第四條法則的方法是，暫停瘋狂還債，把那些錢用來儲存為三十天的緩衝資金。他的開銷還是很緊，但是知道這都是為了建立緩衝期，讓勒緊褲帶的狀況稍稍鬆開，比較容易忍受。他的終極目標並不遠（比還清那104,000美元近得多），而且他說建立這筆緩衝資金帶來了很大的幫助。一旦他不用再擔心自己買不買得起這星期的花生醬、果醬和冷凍披薩之後，他就有腦力可以專注在其他目標。他就是在這時出現頓悟的：他需要賺更多錢。

　　「我很滿意我的還債進度，但我發現當時的薪水只能讓我做到那樣。我花了好多時間和精力試圖從預算擠出每一塊錢，但是把那些精力用來賺更多錢，其實會更好。」

　　有了這個新發現，米契爾脫離畢業後第一份工作的舒適

圈，開始面試新工作。他的新工作讓他的薪水從45K躍升到65K美元（約NTD 208萬元）。在接下來的兩年，他在這份工作成功調薪兩次，最後領到90K美元（約NTD 288萬元）的月薪。此外，他還有自由接案賺取額外收入，每年大約可帶來1萬美元。在這整個期間，他都繼續過著好像只收入4萬5千美元的生活，多出來的每一塊錢都拿去繳學貸。

這邊值得一提的是，確切的數字並不重要。米契爾很幸運能有很好的收入，但是你也可以取得相同的進展，從25K躍升到30K美元的薪水，或任何你的收入能夠落在的範圍。重點在於即使收入增加了，花費習慣也不能改變。別說服自己鬆懈一點沒有關係，結果讓生活方式膨脹偷走你調漲的薪水。持續專心達成你的大目標。還有一點很有趣，那就是米契爾為了加快速度，先把腳步放慢。他原本把能拿去還債的全都拿去還債，但卻沒有效果。於是，他退一步、釐清什麼對他最有用，然後再往前推進。

米契爾原本的目標是在三十歲之前繳清學貸，結果他二十七歲之前就做到了。雖然第四條法則是關鍵，但他也把這歸功於其他幾個重要因子：

法則二：「存錢應付真實支出是我能夠保持在正軌上的重

大原因。我曾試過其他的預算法，但是那些體系都不存在類似法則二的東西。每次不固定開銷一出現，我就會感到壓力和憂鬱。節日是最可怕的。當然，我可以選擇當個混蛋，不送任何禮物，但是我感覺那不是真正可行的選項。這導致我在十二月的時候沒辦法挪一樣多的錢繳學貸，令我非常不開心。我也很愛旅行，第二條法則讓我可以一邊還學貸，一邊編列那筆預算。」

提高收入：「我覺得很多人都忘了收入這一塊。節儉當然有效，但是拼了命擠出根本不存在的錢會耗費時間和心力，大可以拿來想辦法賺更多錢。這是我所學到最重要的一課——縮減支出只能幫到某種程度，如果想快速實現財務目標，提高收入會很有助益。你必須很有策略。就如同你會為預算目標制定計畫一樣，收入目標也要制定計畫。」

記住大格局：「預算把我變成一個小氣的混帳，但是我完全不介意。我只是變得更重視長期目標，勝過於任何可能的短期事物。我現在甚至有點偏執過頭，因為脫離債務之後，我現在正努力存錢買房子。如果我在超市想要買什麼沒必要的東西，我會制止自己，因為我寧可把錢存下來買房子，也不要買一包洋芋片。或許達成目標後我會好好款待自己，但

是現在我比較希望看見存款變多。」

現在，米契爾在一間房貸公司上班，這當然相當諷刺。他存錢想要買的房子呢？他打算全額付現。他恨透了重新負債這件事，即使是房貸（別跟他的老闆說！）。因此，他繼續維持45K美元的生活方式，儘管他現在的年收入已超過12萬美元（NTD 384萬）。多餘的錢全都用來存他的夢想家園。我毫不懷疑他會比預定計畫更快買到。

大努力＝大進步

我知道大部分的人想要仿效米契爾，也就是把超過一半的收入拿去還債，只靠切片吐司度日，是不切實際的。此外，要讓收入翻倍也沒有那麼容易。但，無論這兩者聽起來有多困難，都不要太快嗤之以鼻。常識告訴我們，沒付出努力就不可能實現任何目標，不管是在財務或其他方面。如果你扛了很大筆的債務，真心想要擺脫，那你就必須改變生活方式。至少，你必須要戒掉讓你陷入消費型債務的生活習慣。

星星之火可以燎原，這句話特別適用於還債。你還的債

越多，就越會想繼續還債。看著債務越來越少，無債一身輕的生活越來越清晰，那種感覺真的很棒。你可能很快就可以從逃離錢坑，變成累積金山銀山。米契爾就是這樣，而崔西和丹·凱勒邁耶在脫離龐大的債務後，也有這樣的感覺。

你在第四章已經讀過，崔西和丹靠預算熬過了失業危機。在他們開始存那次危機甚至根本用不到的緊急備用金之前，崔西和丹非常努力存錢，打算用現金支付即將到來的婚禮。他們的目標是，在婚禮來臨前的十八個月存到兩萬五千美元，保持無債一身輕。這可是相當大的諾言。

崔西憶道：「我們犧牲了很多。我們兩個都搬回家住，這樣租金、水電以及食物的開銷才會很低或完全不存在，但我們的隱私權也跟著消失！但是，這表示我們可以靠收入的三分之一左右過活，剩下的都用來還債和存錢。老實說，我們這段時期的日常生活蠻無聊的。」

崔西和丹要跟朋友出門或約會時，必須發揮創意。「基本上，我們都盡量待在家，像是看電影喝紅酒之夜，晚餐約會也在家進行。如果我們想要出去，我們會選星巴克，而不是餐廳。我們沒有跟其他朋友一樣買衣服或參加派對。感覺很痛苦時，我們會提醒自己這只是暫時的。」

然後，他們的星星之火便燎原了。為婚禮存錢存了幾個月後，他們決定更上一層樓。崔西誓言要在婚禮前把兩萬一千美元的車貸也繳清；同時，丹承諾要在大日子之前還清三萬美元的卡債。等到婚禮來臨時，他們已經無債一身輕，而且手上還有足夠的現金支付婚禮和蜜月。十八個月的努力讓他們在財務上能以一張白紙展開婚姻生活。

　　我知道，如果你的生活跟米契爾或崔西和丹的生活大相逕庭，這些故事很難令人信服。不是每個人都能搬回去跟父母住；有些人不能只靠花生醬和果醬度日。但，他們的努力值得我們注意。在他們每一個人在開始還債之前，要抵達終點似乎遙遙無期，但是他們設下了目標，每天持之以恆地付出心力，付出很長一段時間。算式很簡單，但努力很難。不要讓這一點阻止你。實現偉大事蹟的人，沒有一個不是持之以恆努力過。

債務和人生同時出擊

　　荷莉‧麥肯齊知道，想脫離財務困境，她就必須付出努

力和一點創意。她在二〇一四年的春天解除婚約後，有一些事務必須搞定，而最重要的是：自己支付生活開銷。她住在緬因州，是一位全職土木工程師，但她的薪水並無法負擔所有帳單。她必須想辦法得到更多收入。最簡便的解決之道就是出租房子裡的其中一個房間。儘管手頭還是很緊，但這方法奏效了。

時間快轉到隔年春天，荷莉的室友準備遷出，她又回到同樣的財務困境。這次，她不想找新的室友。荷莉也知道困境的源頭有一個更大的問題，那就是她的開銷。

荷莉很喜歡逛Target百貨。她常常會為了買蛋走進那些亮紅色的大門，出來時卻多了新的健身服裝、或碗盤、或克里格（Keurig）咖啡機。她所採取的方法是，大筆消費一律刷卡，因為她很怕看見戶頭一下子消失幾百美元。在下一筆薪水出現之前，她的戶頭總是只有幾塊美元，而且往往還透支。每次拯救她的都是戶頭的信用額度，她會用下一次的薪水還清，然後又重新相同的循環。同一時間，她的信用卡債越來越多。

荷莉知道她的花錢習慣會使她無法負擔房貸。聽說室友要搬走後，她便驅使自己應該做點什麼，但卻不知該做什

麼。她聽過同事聊起她的預算,但荷莉不太信服。她回憶道:「我無法理解食物預算的概念。真的嗎?吃東西也要限制?!」但她很怕負擔不了房貸,所以她決定嘗試看看。

設定預算喚醒了荷莉腦袋的某個東西。身為工程師的她很愛嚼數字,也很愛解決問題,而預算完美結合了這兩件事。因此,她迷住了。

關於荷莉的另一個小細節是,她擁有非常嚴厲的職業道德。在工程師的工作之外,她還兼第二份差,擔任健身公司「海灘身材」(Beachbody Coach)的教練(所以她才這麼熱愛健身裝備)。順利實行預算之後,她開始瘋狂繳清一萬美元的信用卡債。為了對付這個問題,她在兼差工作上更加努力,同時嚴格執行第一和第二條法則。

她說:「我試著把錢存到不同的類別,預期最糟的狀況。最初編列預算時,我有存修車基金,這樣如果我的老舊吉普車壞掉了,就有錢可以用。我也總是會多放一些錢給房貸類別,這樣如果需要修繕就有錢。假如努力還債時發生了什麼事,我會暫停還債,讓現金流向那筆開銷。」

荷莉的卡債五個月內就消失了。此時,她手上已經有足夠的錢可支付房貸、耶誕禮物**以及**到多明尼加的蓬塔卡納

（Punta Cana）旅遊。此外，在折價賣掉老吉普車後，她也用現金支付了一輛二〇一六豐田超霸的1,000美元汽車預付費。

接下來是她8,000美元（約NTD 25萬6千元）的學貸。荷莉在二〇一六年五月（開始實行YNAB不到一年）繳完最後一期，因此債務只剩下新車的貸款。噢，但她計劃在一半的貸款年限內繳清。

荷莉的財務成就使她自信大增，而這又進一步幫助她實現更多成就。她說：「我真的覺得如果我能夠改變花錢習慣，脫離卡債和學貸，我就什麼都做得到。我的海灘身材教練工作是按件計酬的，因此為了能有更多預算，我努力接下更多案件。我在財務方面變得極度有動力（當然，我也是希望大家都健康！）。預算把我變成一個更棒的企業家、領袖和商業人士。」

一開始編列預算時，荷莉手上的現金不到1,000美元，還有18,000美元（約NTD 57萬6千元）的債務。現在，她的戶頭已經有五位數的餘額。她總是現金支付度假之旅、寵溺自己的海灘身材教練團隊、款待家人，而且最重要的是，不再為了金錢煩惱。

 MEMO

無論如何都要砍掉債務

債務並不是一個選項。

把這句話變成座右銘，它會改變你的人生。即使你現在沒有債務纏身，這也能幫你日後避免負債。準備迎接無債一身輕的美好時，請記住：

- 先支付你的**真實支出**。如果把現金一股腦投入債務，但是新的帳單出現時你依然破產，這麼做就沒有用。若你只留一點點現金給自己，真實支出會特別令人棘手，只要來一筆意外的帳單或開銷，你就會回到負債人生。

- 沒有付出**很大的努力**，就無法獲得**很大的進步**。也許你沒辦法只靠切片吐司度日（這很合理），但你還是可以找到充滿創意的方式減少花費──或增加收入！持之以恆努力很長一段時間，你一定會到達的，而且一切會感覺非常值得。

第八章

教你的孩子編預算

我知道這一章不適用於每個人，但孩子與理財的主題實在是太重要了，我一定要為有小孩的讀者寫下來。

跟孩子談理財並不容易。無論你很富有或總是為錢所苦，要知道該說些什麼才能賦予孩子正確的觀念是很難的。假如財務狀況緊繃，你不會希望他們擔心；假如真的有為他們準備信託基金，你也不希望他們認為自己永遠不必工作賺錢。如果你的狀況介於這兩者之間，這還是一樣困難。

《紐約時報》專欄作家榮恩・李伯（Ron Lieber）寫過一本很棒的書《寵壞的相反》（*The Opposite of Spoiled*），內容在講如何養育懂得理財的小孩。他在書中深入探討了應該如何跟孩子談理財。不過，我不會試圖在這裡複製榮恩的心血。事實上，在讀完榮恩的書，並在YNAB的播客節目上訪問他之後，我把他的建議用在自己的六個孩子身上（其實只有五個孩子，因為菲兒只有一歲）。我在這裡要做的，是告訴你我和茱莉在幫助我們的孩子跟金錢建立聰明的關係時，所運用的實務技巧。我希望你在一瞥我們的家庭生活後，也能跟自己的孩子培養健康的金錢對話。榮恩的建議是我們靈感的一部分，四大法則當然也是。

什麼，你以為我們不會教導孩子四大法則嗎？（我想也是。）

　　但是，在認識四大法則之前，每個孩子都需要拿到錢。我非常提倡給孩子零用金，這樣他們很早就能開始學習理財。不要給太多，這樣就不用擔心不勞而獲的東西會把他們寵壞。至少，我的經驗證明其實會發生相反的狀況。給小孩少量的零用金，可以讓他們馬上看出金錢是有限的資源。如果他們想買什麼，尤其是很貴的東西，他們就得做出聰明的金錢選擇。

　　我和茱莉在小孩滿八歲時開始教導他們YNAB。在那之前，小小孩也會拿到零用金，想怎麼使用就怎麼使用。我們五歲的女兒蘿絲就把她的錢放在枕頭底下放了三個月，我們試著說服她使用更好的系統，但她堅持用枕頭。好吧。她總是會因此弄丟零用金，然後我們會在房子各處找到錢。我和茱莉會把這些錢跟其他零用金放在一起，隔週還給蘿絲。我蠻肯定她完全沒注意到。

　　馬克斯今年就會滿八歲。在那之前，他每星期都會領到幾塊美元、把錢放進櫃子抽屜，然後存夠了就去Target百貨買樂高。

無論幾歲，我們對所有子女的零用金都運用相同的原則：

讓他們從做中學。

　　以蘿絲來說，這意思是讓她用她想要的方式對待自己的金錢。除非她想要買什麼東西，卻發現自己一時找不到錢，否則她永遠不會學到把錢放在枕頭底下是個爛主意。至於馬克斯，這意思是讓他花錢買樂高（然後又把樂高搞丟）。

　　同樣的原則適用於年紀較大的孩子。波特（十三歲）、哈里遜（十一歲）和莉蒂雅（九歲）都有自己的YNAB預算，我們讓他們隨心所欲使用自己的金錢，只有幾個條件，那就是他們必須：

- 挪出10%進行捐獻
- 捐獻後剩下的部分，50%存起來

剩下的，他們想*怎麼運用都可以*。

　　我必須強調給予孩子自由有多重要，因為這是讓他們學會負責唯一的方法。沒錯，有時候孩子會把所有的零用金拿去買糖果，但他們應該要有機會做出這個選擇。就像我們這些大人終究會明白無止盡的外送會讓我們無法實現目標，他們也會明白糖果大血拚也是這樣。就讓他們浪費。如果你不

是一個浪費的人，這樣做可能很難，但是要記住，糖果大血拚可以讓孩子學到的東西，就跟存錢和捐錢一樣多。況且，從糖果學到教訓，不是比從影響更大（也更昂貴）的東西學到教訓要來得好嗎？請試著放手。如果你每個星期只有給幾塊美元，長期學到的東西絕對值得這樣的花費。

身為父母，我們的職責是引導他們學習。我和茱莉不會跟年紀小的孩子強調四大法則，但是我們會努力讓他們在花錢之前三思。我們會問一些輕鬆的問題，像是：「你確定你想要那個？」或「有沒有什麼是你更想要的？」針對八歲以下的孩子，我們只會提出這些問題。他們還這麼小，我們覺得讓他們有意識到金錢並開始練習就夠了。

話雖如此，如果你覺得較小的孩子已經準備好學習更多，那就去吧。對我和茱莉來說，問題可能在於數量。我們有六個孩子，因此幫助年紀較大的三個學習編列預算後，就有點沒力了。年紀較小的孩子現在只有領錢，很高興跟哥哥姊姊一樣也有零用金可拿。他們不久後就會認識四大法則了。現在，六個孩子在一天結束時能夠開開心心、毫髮無傷，我們就覺得是很大的成就了。

放手的痛苦

教導孩子編列預算最難的地方，就是教我自己放手。錢一旦變成他們的，我真心相信我們不應該試著替他們管理或控制金錢。

波特在八歲生日後剛開始編列預算時，我和茱莉決定告訴他，我們有替他存生日禮金。這些年來，親戚給的禮金已經累積100美元左右。我們很努力地想要讓他明白，他能擁有這筆錢是件大事。我們坐在他的床上，跟他說我們從他還是嬰兒時就開始存這些錢，花了很多年才累積這麼多。我們認為他明白了100美元有多龐大之後，接著問他想要怎麼運用。

波特馬上就知道答案：買一臺兒童學習平板（早期為孩童設計的平板）。我內心很清楚這個東西他不會用很久。我告訴他，這感覺設計得不是很好，他大概沒多久就玩膩了。我很難放手讓波特自己做決定。我最後在情急之下，把100美元用1美元的紙鈔一張一張給他，希望這能讓他了解100美元有多麼多。我心想：「他在手上感覺這疊紙鈔後，肯定會想存起來。」

並沒有。我們到了電子產品專賣店之後，波特把那疊紙鈔丟在收銀臺，然後帶著新玩具蹦蹦跳跳地走了。

為了波特著想，我很希望我是錯的，但正如我懷疑的，他最後並沒有很喜歡那臺平板。過了幾週，他甚至把它忘了。

編列預算幾個月後，波特再次提到那100美元。他說，在思考過他可以用那筆錢做的所有事情之後，他感覺自己浪費了那筆錢。他應該把錢存來買新的腳踏車，或是跟朋友一起參加活動。我沒有發表評論，因為我知道他不需要我的看法。這次經驗顯然會影響到他日後的金錢決定，對我來說這才是最重要的。基於這點，我不認為花那筆錢很浪費，那只是波特（和我）在成長過程中必經的痛苦。

關於零用金

在談到如何傳授四大法則給孩子之前，我想把一點注意力放在零用金這件事情。關於應該要給孩子多少零用金，我和茱莉苦思了一陣子。有一段時期，我們要求孩子得做家事

才能拿到零用金。他們賺到的零用金多寡，要看他們有多願意做家事以及家事做得有多好而定。

但，成效不彰。這給我們帶來很大的壓力，因為我們必須管控每一件家事的品質，並主觀決定每個孩子應該針對每一件家事得到多少錢。孩子也不喜歡這種做法，因為他們永遠不知道自己某個星期會賺多少零用金。他們也覺得，天啊，媽媽心情好我就能領到比較多，心情不好我就拿得比較少。這對他們很不公平。

榮恩‧李伯的零用金建議讓我和茱莉有所突破。我們在YNAB的播客節目上聊天時，榮恩說到他認為零用金不應該是孩子完成一件任務才能得到的酬勞。做家事是另一回事，我們會做家事是因為我們很愛彼此，也因為我們希望自己的家運作良好。我們把做家事當成一種責任，這個行動象徵了喜悅、愛以及對跟我們住在一起的人的承諾。我完全同意這個看法。

我和茱莉向來都把零用金視為學習的工具，但是由於我跟榮恩的對話，我們對這件事的想法更上了一層樓。他指出，我們希望孩子練習理財，就跟希望他們練樂器或練畫圖一樣。我們希望他們擅長理財，就跟希望他們擅長其他這些

事情一樣。所以，沒做家事就把他們的錢沒收是沒有道理的，就像在這種情況下沒收他們的圖畫本或小提琴也毫無道理一樣。

訪問完榮恩後，我跟茱莉聊過，最後決定在那天晚上的晚餐時間宣布全新的零用金政策。零用金不再需要靠做家事獲得，每個孩子都會根據年紀得到固定的零用金。我和茱莉決定，每個星期波特和哈里遜可得到5美元、莉蒂雅3美元、馬克斯2美元、蘿絲1美元。這讓我們大大鬆了一口氣，孩子也很高興知道自己究竟會得到多少錢。

你必須自己決定什麼最適合你們家，但是我真心推薦這個基本做法。把孩子的零用金當作學習工具，金額維持固定一致，跟其他的責任分開。有了這個簡單的系統，你就能教他們擁有耐性、慷慨和負責，這些特質在他們成年後都會很有幫助。

別擔心，他們會懂的

當我告訴別人孩子滿八歲後我就教他們編列預算，對方

通常會露出怪怪的神情。現在，我已經很熟悉那種表情了。他們想傳達的意思是：八歲的孩子怎麼可能會懂什麼是支出和優先順序？麥坎姆家的孩子真可憐，要應付瘋狂的YNAB老爸的軍事教育。

姑且不論我是不是瘋狂的YNAB老爸，我們都需要對孩子們更有信心。我們很容易低估他們理解的速度有多快。

如果我們無法跳脫孩子沒辦法理財或編列預算的想法，通常是基於以下三個原因：

我們太晚開始教他們。

我們一次教他們太多。

我們教孩子的道理跟他們的生活沒有相關。

因此，翻轉這些障礙很重要：

早點做。

慢慢來。

不要脫離孩子的現實。

一個讀國中的孩子不會想學怎麼排列帳單的優先順序，因為她沒有任何帳單需要繳。但，假如她在二月就很想要一臺iPad呢？要等到耶誕節實在太久了。這時候，優先儲蓄的概念對她來說會變得非常有趣。

如果你才剛開始要跟年紀更大的孩子談理財，不要慌張。只要你在他們還住家裡的時候做這件事，就永遠不嫌晚！根據美國銀行的研究，只有18%的高三生和大學生感覺父母有教他們理財。 只要現在開始，不管孩子年紀多大，你都是在幫助他們成功。

從孩子的角度看四大法則

跟孩子一起編列預算時，我最早注意到的其中一件事情是，他們不像大人那樣有包袱。他們完全不知道編列預算就會使你受限或不能玩樂的這種（錯誤）概念。我們以為孩子會跟我們一樣害怕，但他們並不會。他們就像一張白紙。看著預算時，他們只會想：「天啊，我想要什麼？」思考這個問題會讓他們覺得很好玩。我們大人在編列預算時，也應該學習孩子天生就懂的道理。我知道，孩子的預算不用承擔那麼大的風險。但是，早早明白預算是件好事，可以讓孩子跟金錢建立健康的關係。這一點非同小可。

我剛開始教小孩四大法則時，會給他們每人一個銀行帳

戶和YNAB軟體裡的個人預算表。我會設定零用金自動轉帳，這樣他們就可以在YNAB輕鬆看見自己的資金。

如果你沒有使用YNAB軟體，你的孩子可以用Excel或筆記本編列預算。你可以給現金或自動轉帳。無論你怎麼做，總之要確保他們看得見金錢的數目。這會讓一切顯得更真實。如果他們的零用金存在銀行裡，每個星期都要登入，給他們看帳戶餘額；如果他們是拿到現金，要確保他們編列預算時錢放在身邊。

我每個星期都會坐下來跟孩子一起編列預算。在他們挪出百分之十的捐獻，並將剩餘部分的百分之五十存起來之後，其餘的由他們自行運用，我只是會鼓勵他們聰明思考。我的話很有影響力……有時候而已。

決定優先順序是第一個重大的預算里程碑（大人也一樣！）。我發現，孩子對於要拿預算做些什麼有越多想法，他們認識四大法則後越能學到寶貴的道理。事實上，如果他們想要的東西只有幾樣，我還會刺激他們。「你想要的*真的*只有這些？那你之前說你想要的娃娃呢？還有你看到的那支很酷的手錶？」很快地，他們的預算變得很像一封寫給耶誕老人的信：懸浮滑板、電腦、手錶、手機（哈里遜發現他還得付

手機資費時，就把手機那項刪掉了）。**暫時**這樣做沒有關係。我在前面有說過，預算不應該長得像度假地點的願望清單，但是一開始來點腦力激盪，是讓孩子慢慢認識預算的好方法。別忘了，要慢慢來。假如你把所有可能的花費一次丟出來，他們會難以招架。

清單列到無法再列之後，就把注意力轉到金錢和四大法則。

跟孩子解釋這些法則時，其實不用更動太多，但你可以運用幾個方式來幫助他們明白每一條法則在現實生活中如何運作。

法則一：為每一塊錢分配工作

冗長的清單這時會派上用場。有這麼多選項在爭奪孩子有限的零用金，他們馬上就得在互相衝突的慾望之間取得平衡。聽起來是不是很耳熟？當然，他們不用在租金、學貸和度假之間取得平衡，但他們還是可以非常清楚地看出金錢最多只能做到一個限度。

這種稀缺感會讓他們專注在最重要的優先事物。他們會

明白：「天啊，我的清單上有十樣東西，但我真正想要的只有三個。」那份慾望清單很快就會被排出真正的優先順序，而且他們比大部分的大人還擅長做這件事。

因此，針對第一條法則，要問孩子的是：**我首先想要的是什麼？**

看著他們思索什麼對他們來說最重要，是一件十分有趣的事。我的孩子全都決定把所有可以花用的金錢投入單一類別。我從來沒看過他們把錢這邊一點點、那邊一點點地分配給清單上的所有項目。沒關係，重點是要讓他們檢視眼前所有的選項，挑出最重要的優先事物。他們比我認識的許多大人都更擅長做這件事。

你也知道，要深入法則一，就必須考量到真實支出，孩子當然也一樣。但是別擔心，他們也會很快就了解這一點。

法則二：擁抱真實的支出

對孩子來說，第一條和第二條法則很快就會交會了，因為他們通常都沒有錢馬上買到自己想要的東西。如果他們的零用金不多，就需要存錢才買得起任何小東西以外的事物。

這時候就需要耐心——這是今天的許多孩子（以及大人）都喪失的能力。我們全都應該練習耐性。

第二條法則也能讓他們思考願望清單以外的事物。別忘了真實支出的定義：為了讓生活運作所需要的每一筆開銷。孩子也有這樣的開銷。他們雖然沒有車險或醫療自負額這些美好事物，但他們的確也有不固定、可預測的支出目標，如果沒有超前思考就會突襲他們。耶誕節和暑假這兩個例子很適合用來解釋真實支出給孩子聽，因為必有其中之一離當下還很遙遠。

我們的小孩耶誕節都會花幾塊錢在彼此身上，因此他們在編列預算時，我會提醒他們，他們大概不會想把十二月的零用金全部砸去買禮物。因此，我會幫助他們計算耶誕節之前，每個月需要存多少錢。到了夏天，他們會很開心看見禮物基金成長了許多，也很高興還有剩幾塊錢給自己一整年使用。

暑假也很適合演示第二條法則，因為這個時期會出現很多季節性支出。身為家長的我們還是會自行負擔大部分的費用（假定零用金無法支付夏令營或度假的花費），但是孩子肯定會想花錢買一些你覺得他們可以負擔得起的東西。

協助孩子回想是不是有哪一年的暑假，他們很希望自己能有多一點錢花用。他們希不希望下次暑假有所不同？這樣的思考便讓波特明白，他有比願望清單上的玩具更重要的優先事物。每年，他都會跟親戚一起參加加州的童子軍夏令營。去年夏天回來後，他告訴我們有一個小孩很幸運，因為他帶了20美元到童子軍夏令營的商店大買特買。將時間快轉到秋天：波特計劃把所有可以花用的零用金拿去買懸浮滑板。距離夏令營還有十個月，於是我問他想不想存一點錢拿去童子軍商店。波特很快就算出來，如果想把那令人覬覦的20美元紙鈔帶去夏令營，一個月就要存2美元。他很願意晚一點再買懸浮滑板。我從來沒有去過那間童子軍夏令營商店，但那顯然是個很美妙的地方。

　　最後，懸浮滑板還是回到波特的清單上，他最近用工作賺來的錢（後面會提到）買了一個。所以，藉由編列預算和保持耐性，他得以兩樣都得到：在商店花用的錢和懸浮滑板。

　　當你協助孩子進行長遠思考時，你其實就是要他們回答自己剛開始編列預算所問的那個問題：

我希望錢為我做些什麼？我想要什麼樣的生活？

　　他們是想要急忙湊錢購買兄弟姊妹的假期禮物，還是想

要因為預算讓他們有各種方式可以給家人驚喜而興奮不已？他們是否想要明年暑假到電子遊戲機廣場大玩特玩，重溫將手上一筆錢只玩了二十分鐘就花完的那種挫敗感？

他們花錢做什麼事不重要，重點是要**養成想得長遠、馬上行動的習慣**。這永遠都會為他們帶來好處。

第二條法則也很適合讓孩子了解，不固定收入要如何應付週期較長的支出。陶德和潔西卡會跟他們的孩子莎蒂（十四歲）、魏斯（十一歲）和奧利佛（九歲）一起編列預算。莎蒂的收入很不穩定，某幾個月只有拿到零用金，某幾個月則會因為幫出遠門的鄰居照顧鴨子和植物而賺超多。陶德和潔西卡幫莎蒂買了她的第一支手機時，順便給她好好上了管理收入的一課。這支手機是送她的禮物，陶德和潔西卡也幫她全額支付前幾個月的資費。但是之後，莎蒂負責帳單的25%，接著又變成50%。對於要支付50%的帳單費用，莎蒂最立即的反應是，這超過了她每個月「賺」的錢。但是，照顧鴨子得到的收入呢？陶德指出，她可以將那些收入分攤給每幾個月，這下她就懂了。第二條法則在莎蒂的預算中發揮全面的成效。

法則三：隨機應變

　　你還記得我說過，小孩編列預算時，不像大人那樣有包袱嗎？第三條法則特別是如此。身為大人的我們，常常要提醒自己更改預算並不是失敗。人生本就如此。孩子比我們有韌性多了，當他們明白自己的錢只能做到那麼多，他們會十分願意在那些條件之內編列預算。

　　我的孩子如果想要買一個超過預算的東西，我會提醒他們，他們得挪動不同類別的預算，才能進行購買。他們通常都決定得很快，不是放棄那個東西，就是更動優先順序。他們從來不認為這叫失敗，因為他們只是對原本的優先順序改變想法而已。好一陣子前，陶德的兒子奧利佛正在為幾樣不同的玩具（樂高、小小兵公仔、寶可夢卡牌和其他一些重要的優先順序——哎呀，他才九歲嘛）存錢。有一次去水族館時，奧利佛鎖定了紀念品商店一隻11美元的企鵝玩偶。他沒有企鵝玩偶的預算，因此他問陶德可不可以買給他。陶德拒絕了，但是他在手機上叫出奧利佛的預算，讓奧利佛看看他想要把什麼移到企鵝玩偶這個新類別。這是第三條法則的進階版，也是最棒的版本。奧利佛的優先順序改變了，因此他

調整了預算，不必讓預算超支。企鵝是他的了，現在他每天晚上都還抱著它睡覺。

我知道孩子需要承擔的風險跟我們極為不同，在企鵝和寶可夢之間做選擇，跟挪動預算以負擔買菜金，是完全不能比較的兩件事。但，兩件事都運用了相同的技能。等到有一天，隨機應變變得比隨意挪動零用金還要重要許多時，這些練習將會幫助他們做好準備。

我在第四章有提到，隨機應變可以比喻為拳擊。對手揮出一拳時，你如果跟著移動，承受的痛苦就會減少許多。此外，你也比較不可能被（同樣大力地）擊中。想像一下，長大後頭一次進入拳擊場，雖然你很清楚比賽規則，但是天啊，這沒那麼容易。現在再想像一下，從小就有練習防禦閃躲的你第一次進入拳擊場，這雖然還是很有挑戰性，但是因為你很敏捷，所以你幾乎沒流半滴汗。你的孩子再過幾年就會是那樣，是個預算神童。

現在，孩子只需要知道改變預算沒有關係。不過，他們早就知道這點了，是我們才需要常常提醒自己。

法則四：讓你的錢躺久一點

好吧，孩子或許真的不用擔心要如何擺脫月光族的循環（他們如果會擔心，那就太早熟了，趕快叫他們出去玩）。不過，讓他們意識到第四條法則的存在，還是很有幫助的。跟其他法則一樣，這是針對往後的歲月很好的練習。現在，這只是用來看看他們做得有多好的一種趣味方式。

　　好一陣子前，哈里遜問我YNAB軟體最上面的角落所寫的「金錢年齡」是什麼意思。他是我們之中很會存錢的傢伙，因此軟體顯示他的錢有250天之久（這個孩子基本上從不花零用金的）。我向他解釋，平均而言，他今天花的錢是在250天以前得到的。他覺得這很酷，所以就跑去問莉蒂雅和波特他們的錢有多老（答案是小了很多）。這變成他很愛炫耀的事情，雖然我不完全支持他這麼做，但我內心其實很高興看見他對自己的進展這麼驕傲。可別告訴他的手足我這麼想。

　　假如你沒有使用軟體編列預算，可以把孩子手上的金錢除以他們一個月通常花費的金額，便能算出金錢年齡。假如他們的花費很不固定，這可能有點棘手，但你還是可以知道大概的狀況。所以，如果他們一個月花20美元，但是手上有100美元，他們的金錢年齡就是五個月。

　　在這時候，法則四只是個趣味練習。然而，讓孩子看看

金錢的年齡，並為此感到興奮，也不會帶來傷害。他們如果現在就培養好這種心態，等涉及的風險變高時，或許就不會陷入月光族的生活。至少，在最糟的情況下，如果他們的開銷真的太過頭，他們也有工具解決經濟壓力。那會是多棒的禮物呀。

孩子也會監督我們

最近，我的朋友瑪麗亞和她的丈夫喬決定開始存養狗的錢。他們沒有教導五歲的兒子路卡編列預算，但有把這個計畫告訴他。他興奮極了，但他不想等待，於是他問：「我們知道自己想養狗，為什麼不能今天就養？」

瑪麗亞和喬解釋，養狗會帶來很大的開銷：狗食、獸醫、想出門的話還有寄宿費。他們希望至少先存1000美元再養狗，才能好好照顧牠。喬說：「不過，如果我們不買一些我們不需要的小東西，就能更快存到錢。」

路卡完全明白，甚至開始監督父母的花費。他們下次去買菜時，他開啟嚴格的質詢模式：「媽咪，妳真的需要買鷹嘴豆泥嗎？家裡不是有花生醬了？妳上次說酪梨很

貴，那筆錢可以存下來給我們養狗！」

為求公平起見，路卡其實也願意自我犧牲。他自願放棄在超市表現很乖時，有時可以得到的獎勵——價值0.88美元的風火輪小汽車。他也自願跳過披薩星期五，也就是一個星期之中唯一可以在學校買午餐的一天。就算沒有自己的預算，這孩子也跟大老闆一樣超會排列優先順序。

這家人的「布魯托基金」（路卡已經幫狗狗取好名字）夏天之前就會湊齊，路卡也能及時學會將狗糞從草地上撿起來。同一時間，他對父母也放鬆了一點，現在瑪麗亞「有時候」可以盡情買酪梨。路卡急切的心情也激勵父母節省比預定更多的開銷。跳過三次約會讓他們省下好幾百美元，而他們也暫時禁止叫外送，要等到布魯托出現後，可以撿碎屑來吃為止。有了路卡的介入，他們甚至有可能在春天就達成目標。

什麼該由誰買單？

開始協助年紀較大的孩子編列預算時，最好一開始就清

楚表明他們應該支付哪些東西。假如他們已經習慣你替他們買單，這可能會有點棘手。你不希望突然切斷金錢供應後，讓他們感覺自己被懲罰，因為這應該是一件好玩的事。畢竟，你還是有繼續給他們錢，只是現在他們可以拿這筆錢買他們想買的任何東西，甚至不用問過你。

我建議你跟孩子一起召開預算會議，就像你跟配偶或伴侶開的會一樣，並在會議中決定哪些東西是他們負責的，哪些你會持續供應。你也可以決定共同分攤開銷。所有的條件完全由你決定，可以隨著孩子的成長進行更動。

陶德和潔西卡跟孩子說過他們需要為儲蓄、禮物和捐獻編列多少預算。除此之外，他們跟我們的孩子一樣，可以自行決定如何編列其他類別。

陶德和潔西卡願意幫孩子支付各種體驗的費用，像是跟朋友一起去攀岩，但他們不會支付物品。孩子可以用自己的錢為他們想要的任何東西自由編列預算，這讓他們有權力購買父母可能不會願意買給他們的東西，像是寶可夢卡牌、心愛的企鵝娃娃等。

他們也一起決定哪些費用要共同分攤。陶德和潔西卡同意幫莎蒂支付50%的手機費，因為他們認為這真的屬於共同

開銷。畢竟，他們希望莎蒂出門時可以聯繫得到她，就跟莎蒂想要這支手機的程度一樣大（甚至可能更大，因為她是極少數不對手機成癮的青少年）。

魏斯存錢想買單車裝備，但是大部分都太貴了，因此陶德和潔西卡有協助他負擔費用。不同的家庭對於父母要負擔什麼、孩子要負擔什麼以及哪些介於兩者之間，都有不同的選擇。但就像陶德的孩子，他們全都可以養成編列預算的習慣並獲得他們應該首要重視的經驗。

孩子開始打工之後，可以慢慢負擔更多你認為他們應該負擔的開銷。波特、哈里遜和莉蒂雅開始在YNAB打工後，便這麼做了。

沒錯，十三歲、十一歲和九歲的他們是YNAB的員工：他們共同承擔了打掃辦公室這個光鮮亮麗的工作。

在孩子可以用來編列預算的金錢超過區區幾美元之後，我和茉莉決定他們應該對「送禮」這件事承擔更多責任。我們會有這個想法，是因為某個月他們三人總共參加了六場生日派對，我們已經買禮物買到很倦怠了，於是便提出他們用自己的錢幫朋友買禮物的想法。他們非常樂意。

現在，他們可以完全掌控朋友和手足的生日禮物該買什

麼。他們在思索要買什麼時,會越想越興奮,甚至跟朋友在一起時,會特別留意他們可能喜歡什麼。以前,他們幾乎不會去想這些,因為我和茉莉會在出門辦事時順手把禮物買好。讓他們自己支付這筆費用,使他們變成更會想的贈禮者。身為父母,看他們這樣實在很有趣。

別忘了,最大的目標是要教導孩子理財,所以不要太執著什麼該由誰買單。有一個清楚的體系很好,但是大格局更重要。

讓青少年隨心所欲運用自己的金錢,就會發生這些事

寫下這段文字時,我們最大的孩子十三歲。這表示,養育出經濟方面很負責任的小大人這項偉大的實驗還在測試階段。不過,如果喬恩·戴爾一家人的故事可供參考的話,我想我們的孩子也不會有問題。

喬恩的女兒安娜十七歲,她很喜歡韓國流行音樂,還將頭髮染成粉紅色的。她是很有天分的視覺藝術家。她在電影

院工作，自從十五歲被聘用後就開始使用YNAB。儘管在找到這份工作前，父母總是替她支付所有的花費，安娜卻非常接受編列預算的概念。

她說：「我開始使用YNAB，是因為我爸媽有在用。我當時也很擔心進入社會卻不懂得理財。開始工作後，我想自己負擔自己的東西。現在，我有很多衣服都是自己買的，購買非必要的東西時，我喜歡用自己的錢。」

安娜拿到第一份薪水時，喬恩協助她制定預算。從那時起，她只有在需要支援時才會找他求助。最近，她的帳戶餘額少了100美元（她銀行裡的錢比預算表的餘額還多），因此喬恩協助她解決。除了鼓勵安娜把一些錢拿去捐獻，喬恩和妻子愛咪都讓她自由運用預算。

喬恩還記得幾個月前的某個晚上，安娜跟朋友逛完百貨公司回到家。他問她買了什麼，她說她什麼也沒買。她說：「我現在沒有錢可用。」有趣了。

喬恩可以看到安娜的銀行帳戶，因為那有連接到他的帳戶。所以他知道，當時她的戶頭裡有幾千美元。名下有幾千美元的青少年去逛百貨公司沒人管她，怎麼可能沒花錢？答案是優先順序。安娜有很多優先事物，如果到百貨公司買東

西，她就無法負擔任何一樣。她的預算類別現在長這樣：

捐獻	捐獻
日常支出	零用錢
	餐廳
	衣服
	化妝品
緊急預備基金	緊急備用金
	生日
	耶誕節
	角色扮演
	臨時善心之舉
長期支出	韓文課
	儲蓄目標
	汽車
	演唱會儲蓄
	誇張髮型
	旅行

安娜最重要、也最昂貴的優先事物之一，就是對K-pop（韓國流行音樂）的熱愛。這指的不只是她喜歡在YouTube上看K-pop的影片，她還會自己存錢買演唱會門票和出遠門參加韓國偶像的表演。最近，她就去了達拉斯看演唱會。安娜想去韓國念藝術學校，因此她也自己存韓文課的基金。

　　看了安娜的預算後，就能知道她為什麼沒有到百貨公司瘋狂血拼。商店櫥窗展示的東西，沒有任何一樣比得上那些令她興奮、等著她放錢進來的優先事物。就像安娜自己說的：「我寧可獲得很棒的體驗，也不要擁有一堆垃圾。」說得一點也沒錯。

MEMO

教導孩子編列預算

別聽那些反對魔人的話——孩子也能編列預算！教導孩子聰明理財是你可以送給他們最棒的禮物。開始之前，別忘了：

√ **把零用金當作學習的工具**：我們希望孩子練習理財，就像希望他們努力培養其他人生技能一樣。沒收他們的零用金（無論是什麼原因）就跟沒收他們的書本和樂器一樣糟。因此，無論如何都要讓他們保持學習。

√ 不要低估孩子理解的速度：只要你**早點做、慢慢來、不要脫離他們的現實**，他們一定會持續編列預算。

√ 四大法則也適用在孩子身上，就像適用於大人一樣：只要讓對話保持在他們的程度內，並給予他們**從做中學**的自由就好。

√ 跟孩子一起**設定清楚的架構**，如誰該支付哪些開銷：當然，這沒有什麼硬性規則，只要你們的計畫適合你們就好。

第九章

想要
放棄的時候

chapter 09

關於我這個人，有一件事你一定要知道：我超愛甜甜圈。

愛到我差點為了它放棄編列預算。

什麼？那是因為我也有軟弱的時候。

我前面說過，我和茱莉剛開始編列預算時，我們的手頭超級緊。全職學生、時薪社工、公車票卡、地下室住處、優惠券達人。一切都充滿挑戰，但是我們堅決不負債，堅決為養育孩子存錢，因此不給自己任何選擇，就是要硬著頭皮做到。每一個花費決定都經過縝密規劃，因此除了負擔基本需求和義務之外，再也沒有任何餘裕給其他東西了。

這樣的狀況幾個月下來還算行得通，但是有一天，我在走路上課的途中經過一間麵包店，他們賣的甜甜圈超級美味。我記得我盯著展示櫃中一個淋有巧克力的美麗甜甜圈看，實在是想吃得不得了。但，我不能買，因為我們沒有任何預算購買任何外食。這個甜甜圈只有0.5美元（NTD 16元），我卻沒那個錢。我心情沮喪極了。

幾個星期前我也曾經有過同樣的感受，當時我因為在圖書館讀書讀得很晚，因此沒有吃晚餐。我還記得我經過一座販賣機，裡面有賣1美元的餅乾，但是我沒有錢買。我記得我

心想：「好吧，我今晚就什麼也不吃。」就算在當時，我也知道這很荒唐。預算永遠不該讓你覺得連吃個東西也不行。

我熬過了那次晚餐事件，但是甜甜圈事件擊潰了我。

好一段時間，我很努力不跟茱莉說任何事，畢竟編列預算是我的主意，而且她比我節儉多了。可是，我知道我沒辦法繼續這樣。我們一點喘息空間也沒有，感覺好像任何沒有規劃的花費都會讓整個預算崩壞。

我最後還是跟茱莉提了，她也跟我的想法一致。原來，她一個星期前也因為錯過與可頌的連結而差點崩潰（我們對烘焙食品的熱愛是凝聚我倆的原因之一）。我們就是在這個時候決定挪出先前提過的5美元零用錢預算。那筆錢真的很少，卻足以讓我們不再覺得一個小動作就會讓預算瓦解。此外，從另一個角度來看，5美元等於一個月可以吃十個甜甜圈。雖然我從來沒有做到那樣，但光是知道我可以……啊，那種自由！

你一定會有想放棄預算的時候。不管讓你崩潰的原因跟甜甜圈一樣小，還是跟重大意外開銷一樣宏偉，這一定會在某個時候發生。你的手頭會感覺緊到不可思議；你會感覺無法控制開銷；記錄每一筆交易會感覺是件徒然無功的事。

我要在這本書的最後談到放棄這件事,因為這是編列預算很正常的一部分。放棄的誘惑絕對會出現,但是既然你已經讀到這裡,甚至開始閱讀這一章,那我敢說你其實並不想停止編列預算。或許你只是覺得太辛苦了,因為巧克力甜甜圈也在看你,你非常想要找到辦法買它(抱歉,只有我這樣嗎?)。

我發現,大部分的人會想要放棄,是因為我們被困在自我陷害的行為之中,但這些其實很好解決。你只需要稍微探討為什麼預算對你行不通就可以了。

絕對的預算失敗

我們想要放棄編列預算的原因,大部分都源自一個核心問題:完美主義。我們會感覺自己很失敗,往往是因為我們太過要求擁有一個完美的預算。

完美主義喜歡偽裝自己,但是幾乎所有預算難關的根源都是它。這也是我們自己造成的,但這是件好事(雖然聽起來一點也不好),因為你一旦察覺到那些扼殺成功機會的行

為，你就可以做些什麼來反制。

首先，要察覺預算常常被認為是二元的。也就是說，我們很容易掉入把預算視為非黑即白的陷阱裡，以為只有失敗或成功兩種可能。那完全不正確。只要有在編列預算，你就是成功的。無論如何都要想辦法記住這點（你可以把這跟另外一個座右銘「別讓債務成為選項之一」放在一起）。我向你保證，這會讓你自由。

接著，留意這些潛伏的預算行為。這些行為背後的原因，都是因為我們想要追求得不到的完美，只是我們通常沒有意識到。假如你看見自己出現這些行為，要知道你很容易就能擺脫。每一種行為的解決方式其實都一樣：退一步，想想你可以做什麼讓一切變得比較輕鬆。真的就是這樣。

沒有給予自己喘息的空間（又稱作甜甜圈事件）。這是最常見的令人想要放棄的行為之一。手頭很緊的時候限制花費當然很合理，但你只能做到某種程度。如果你完全沒有一點點彈性，一切最終都會斷裂，包括你的理智、預算和決心……。

我很喜歡舉重，因此額外彈性的概念讓我想起臥推的時候需要一名捕手（spotter）。你可能會被槓鈴壓住，胸部就快

要被壓碎，但這時捕手只要用兩根食指稍稍拉起槓子，就能幫助你完成臥推。這一點點協助就是成敗的關鍵。

無論手頭有多緊，都要預留空間給你的甜甜圈。讓捕手在一旁預備，以免你需要那一點點的推升。一個月只要幾塊美金，就不會讓你感覺一切都要崩壞。

設立不切實際的花費目標。這在剛開始編列預算時非常常見，尤其是因為你沒有設立符合實際的花費目標所需要的數據。假如你從來沒有追蹤過自己的買菜支出，怎麼知道300美元的目標是否接近你的真實狀況？這數字聽起來很合理，但如果你一個月通常都花800美元，那你就需要時間和紀律去達成。也許300美元這個目標並不符合你的實際情況，450美元對你們家來說才合理。

預期改變會很快速。或許你已經知道你每個月花800美元買菜，很好！現在你有實際的數字可以編列預算了。但是，如果你發誓從今天開始就只花300美元，那問題就來了。這是很棒的目標，但你不能期待自己的行為一夕之間改變，尤其是這麼大幅度的轉變。如果你不是獨自編列預算，同樣的道理也適用在伴侶身上。我們往往會期待對方快速改變，但他們不可能做到。就算你有達成新目標一次或兩次，有意義的

改變總是需要時間。對自己（和伴侶）好一點，設立符合實際的目標，然後慢慢朝目標邁進。

即使你沒有錢可以支付所有的開銷，這個建議還是不會變。假如真是如此，沒錯，你應該以合理的方式緊縮花費，但也要明白，光是改變花費行為無法解決問題，不管你改變得多快。假如收入和支出之間有所差距，那麼你需要想辦法賺更多錢。書中有很多故事告訴你別人是怎麼做到這點的。如果你把所有心力用在一夕之間達成不切實際的花費目標，你肯定會無法招架。最好同時結合聰明節流和聰明開源。

對自己要求太高。 我先前有把編列預算比喻成減肥和運動，這幾件事之間的相似處不可忽略。在後面兩者的情況下，對自己要求太高會導致過勞（其實人生的所有層面都是如此）。如果你一直在想自己的預算，一天要檢查好幾次，並會說給願意聽的任何人聽，那你就是做過頭了。你會漸漸洩力，就像瘋狂計算卡路里或每天上健身房一段時間後那樣。把預算或健康習慣當成一時的狂熱對待，這就會像蔚為風潮的事物一樣，總有一天消失。反之，把習慣融入真實生活，這就會變成你實際的生活方式。

如果你真的很熱愛自己的預算，那很棒（我也知道這是

很美的一件事！），但請不要讓它將你吞噬。每隔幾天再檢查一次，以確保自己沒有偏離正軌，然後繼續過自己的生活。

強迫症因子。我敢說，你肯定沒想過失控的編列預算行為居然也有這麼多種⋯⋯當預算強迫症出現時，你會不肯屈就任何一毛錢。但是，你一定會有需要屈就的時候。一定會有某一筆小費用（希望真的很小筆）你怎麼樣也想不起來是花在哪裡。這時候，你可以為了記起來而把自己逼瘋，或乾脆把它分配到已經有可動用基金的花費類別中，然後繼續過日子。

預算強迫症的另一種表現方式，是太過講究細節。假如你這輩子從來從來沒記帳過，但卻突然想要記錄每一條牙膏的花費，那麼你的預算不會持久。當然，你應該把支出分成買菜、水電等不同的類別，但是不要迷失在每一個小細項裡。除非有某筆交易清楚橫跨兩個花費目標（像是一張好市多的收據同時列了食物、滑雪裝備和睡褲），否則丟到其中一個類別就好。

太過複雜。只有一張信用卡和一個銀行帳戶，絕對會比兩種都有好幾個還要容易編列預算。請消弭不必要的複雜事物，關掉多餘的帳戶，或是把錢轉到一、兩個帳戶就好。如

果你有多張信用卡，請使用費率最低或回饋最好的那張（這是指你手上有錢可以花用的時候！）。其他信用卡有餘額的話全數繳清，之後只用那張卡。

我知道，堅持下去有時候沒有像分配5美元買甜甜圈那麼簡單。有一些難關感覺是如此難以跨越、如此難以掌控，使你覺得放棄是唯一的選擇。但，沒什麼是跨越不了的。就算突然的開銷或收入斷源使你無法招架，只要讓預算跟著彈性調整，預算便會奏效。誰管它是不是跟你一開始編列預算時所希望的完全不一樣？只要你持續目的明確地對待金錢，你便會進步。或許你沒有預期的那麼靠近目標，但是如果放棄了，就肯定無法達成目標。記住，當一切感覺太困難，要想想你能做些什麼讓生活更好過。把專注力放在*那裡*。

不要忘了快樂這件小事

大部分的預算難關都可以歸咎於完美主義。但是，關鍵詞就在「**大部分**」。有時候，我們想要放棄是因為我們忘了初衷。我們太過深陷在繳納帳單和達成花費目標的漩渦中，忘

了當初為什麼要編列預算。

要記得，預算是要幫助你創造你想要的人生，包括現在和未來。編列預算不是要延遲快樂，因為如果是這樣，沒有人可以堅持很久。當你感到快樂，你就會有動力。你會感覺更靠近目標，而那股動力會使你想要更努力。魔法就在此時發生——但那其實不是什麼魔法，只是你在發揮自己最大的潛力。

如果你不滿意自己的預算，就回到第三頁你問過自己的那個問題：

我希望錢能為我做些什麼？

這會讓你看見全貌。你可能會發現，你的預算還是有朝你想要的生活邁進，或許速度比你希望的還慢，但是你的方向還是對的。這樣的提振或許就足以重整你的心態。

如果你發現你的錢沒有在做你希望它做的事，就回到第一條法則。更好的做法是，刪掉整個預算表，重新開始。忘掉所有必要支出和目標，一切只剩下你和你的戶頭餘額。回到一張白紙之後，再問一次那個重要的問題：**我希望錢為我做些什麼？**

重新開始萬萬歲

　　我非常推崇從頭開始編列預算的做法。有時候退一步真的很重要,可以確保金錢做到你希望它做的事。這跟放棄完全不同。重新開始是一種勝利。重新開始表示你已經能戰勝它。我因為非常堅信這件事,所以還在YNAB的軟體裡弄了一個重新開始的功能。當事情變得乏味,或是你覺得預算對你沒有任何用處了,我希望你能刪掉一切、重新開始,不管是按下「重新開始」鍵或是開啟新的筆記本或試算表。

　　從頭開始編列預算其實跟我們在新年前後常會進行的內省思考沒有太大的不同。在這個時候,你會思索你的目標,看看自己的行為是否與目標相符,接著視情況進行調整。重新開始時,你也會深刻反思自己的人生,只是現在你會思考金錢如何幫助你到達想去的地方。

　　記得第一章的菲爾和艾莉西嗎?第一次說到他們時,艾莉西正準備脫離公司環境,開創自由接案網頁設計師的生涯。一年後,我又聯繫上他們,想知道他們的全新冒險進行得如何。

結果是，一切跟他們計劃的一模一樣，卻也完全不同。

好消息：辭去工作六個月後，艾莉西收到的工作機會多到她無法消化。這當然令他們鬆了一大口氣。辭職前，她很擔心要怎麼排滿工作。但是，她沒想到有這麼多以前的同事和客戶會介紹案子給她。這是在上一份工作打好人際關係和精通自己的專業所帶來的美好結果。

困難點：艾莉西如果接下每一個案子，很輕易就能把以前的收入翻倍。但，更多的工作量就表示她得日以繼夜地工作。艾莉西想要成為自由工作者，重點在於她想要花更多時間跟兒子傑克相處。最後，能夠賺更多錢的誘惑並沒有戰勝她的第一優先事物：家庭。拒絕薪酬豐厚的工作機會感覺很怪，但是她和菲爾同意家庭和工作的平衡比額外的收入更重要……

壞消息：可是，額外的收入真的也很有用。雖然他們沒有陷入困境，但他們的收入跟不上支出。艾莉西收入不穩定，某個月可能沒賺到半毛錢，下個月卻又存了一萬美元。他們努力把大筆進帳分散到數個月，但卻總是超過預算。希望可以支持他們四個月的一筆錢，卻只勉強撐了三個月。

編列預算雖然有幫助，但是每次打開那份試算表，他們

就被羞辱一次。他們都很討厭看見金錢快速被吞噬。這種情形變得非常令人難以招架，因此他們開始認為沒有預算可能會比較快樂。他們認為，如果能夠深呼吸，不再那麼經常思索金錢，便會船到橋頭自然直。

第一種解決辦法：預算排毒

儘管菲爾和艾莉西很想消滅預算，開開心心活在什麼也不知道的情況之中，但他們知道這樣做不明智。他們也知道，自己必須改變目前這種安排的某些地方。因此，如果放棄預算不是解決方案，他們只好做相反的事：重新開始。

通常，重新開始就只需要收起原本的預算表，開啟一份新的。單純地把所有的錢看作一張白紙，沒有任何錢分配任何工作，這是一個很強大的練習。菲爾和艾莉西後來便是這麼做，但是首先，艾莉西想要嚴厲地審視舊預算。去年試圖把他們的自由工作者基金拉得更長時，他們就有這樣做，但是現在應該重新檢查一遍。艾莉西覺得，如果可以找出舊預算的缺點並加以戒除，新預算會比較強健。她想要深入查看

每一種支出，以下是她的發現：

天然氣：他們前兩期天然氣帳單都超過150美元，但是快速回顧一下，去年同期的帳單並不到100美元。怎麼回事？而且他們還是使用全新的暖氣耶。或許是今年比較冷，也或許是他們高50美元。她的計畫是，晚上把溫度下降幾度，然後全身用法蘭絨裹得緊緊的。他們也開始使用暖氣的計時器，這樣才不會忘了調整溫度。這些方法奏效了，他們下個月的帳單少了53美元（約NTD 1,700元）。

手機：這個類別令人痛苦。原本，他們的兩支智慧型手機一個月要繳145美元（約NTD 4,640元）。他們得做得更好，可是換成最便宜的方案一個月只會省下20美元，更換電信業者又得花幾百美元買新手機，怎麼樣都不合理。他們感覺被現代生活困住和愚弄了。因此，只好更加努力尋找替代方法。艾莉西從她最喜歡的理財部落客「理財小鬍子先生」（Mr. Money Mustache）那裡得知一家便宜許多的手機業者，所以儘管他們一人得花250美元（約NTD 8千元）買新手機，但是46美元的新資費（約NTD 1470元，這是兩支手機加起來的帳單金額）讓這一點很值得。一個月省下99美元，五個月就能使新手機回本了。

空手道：去年，他們使用酷朋（Groupon）優惠券幫傑克報名了空手道課程，八堂課只要20美元，還能得到免費制服。讚啦！傑克喜歡跟忍者有關的一切，所以他超級開心。優惠券到期後，艾莉西接著報名了固定課程。她到現在還不曉得，自己看到費用時怎麼沒有嚇一跳：一個月150美元（約NTD 4,800元），只為了給四歲的小孩學空手道？！可是，傑克上課真的上得好開心，於是她開始為這筆支出找藉口：*我們每個月可以少上兩次餐廳。我會退出從來沒去的健身房*。把時間快轉一年，傑克準備升到兒童棕帶的級別，但是上個月他一直找理由翹課。原來，他不想要再去上課了。道場要求使用自動支付，因此不管傑克有沒有去上課，他們都得繳150美元。這個決定很容易：暫時取消課程，如果傑克想要再回去。然而，取消兩個月後，傑克完全沒說過想上空手道一次。

有線電視：菲爾很願意放棄電視。取消有線電視，他們一個月可省下80美元。Netflix外加Hulu就能讓他們享受足夠的樂趣。但是當菲爾打電話去取消時，業者竟主動給他30美元的帳單優惠，還可以免費得到幾個付費頻道，比他們去年原本的昂貴套裝還要棒多了。他請他們稍等，跟艾莉西快速討論了一下，接著便答應了。沒錯，這樣他們只有省下30美

元，而非80美元，但是他們覺得額外的電影頻道很適合在家約會時觀看。如果之後想要省更多，他們再取消就可以了。另一方面，他們取消了Netflix（月租10美元）和Hulu（月租12美元），因此總共省下52美元。

買菜金：這對艾莉西來說是一個很大的壓力源。500美元（約NTD 16,000元）的食物？在開始編列預算之前，他們從來沒記錄過買菜的開銷，但他們以為一個月300美元應該非常充裕。買菜是艾莉西負責的，因此她每個月都感覺自己很失敗。

難就難在，他們的買菜規則已經超級緊繃。健康飲食對他們兩個非常重要，因此他們的買菜籃幾乎不會有垃圾食物。他們大部分只會買新鮮的農產品和優質的蛋白質，外加傑克的其他標準食物——牛奶、義大利麵、麵包和穀片。優惠券沒有多大幫助，因為優惠大部分是給加工食品的，那些鮮少被放進他們的推車。

艾莉西的解決方式，跟我和茱莉遇到這種情況時想到的差不多。她決定把新預算的買菜金提高，不再焦慮。一整年的預算數據證實，要吃得好就是會花得比她以為的還多。她還是會注意特價商品，並避免不必要的花費，但她決定不再將買菜金當成一個大謎團。

迪士尼：他們過去十個月存了4,000美元，希望能在傑克五歲生日時給他一個驚喜，去迪士尼樂園玩。但現在，菲爾和艾莉西看著這堆錢，不得不問自己：*誰在乎迪士尼啊？* 傑克肯定是不在乎。他雖然蠻喜歡米奇的，但是他在這個年紀只要有一桶風火輪小汽車和一趟海邊之旅就很開心了。他完全沒有要求一場豪華假期。他們越想，越覺得迪士尼只是身為家長的他們想要完成的願望清單之一，不是傑克的要求。用這筆錢減輕當下的金流壓力，他們會開心許多。況且，如果再等幾年，傑克長得夠高，就可以玩「飛濺山」這項遊樂設施。不用考慮了，迪士尼暫緩。

結算：經過艾莉西的嚴密檢視，他們每個月省了251美元（約NTD 8032元。原本是351美元，但是後來她給買菜金加了100美元），另外還有4,000美元的迪士尼基金。雖然不是很大的差異，但知道自己釋出了一些現金對士氣很有幫助。他們的方向是對的，也有動力繼續下去。

第二種解決辦法：賺更多錢

艾莉西每次拒絕一個案子，她就感覺哪裡怪怪的。她知道她沒有時間完全自己接下這些案子，但是或許她不需要這樣。她一直都夢想著把一人事業擴展成一間迷你設計工作室。她可以跟設計新秀合夥，將案子發給他們，然後監督他們的工作。這樣是一種雙贏，身為藝術總監的艾莉西可以賺取額外的收入，資歷較淺的同事也能累積作品。

她一直以為這個夢想要很多年才能實現，但是誰說非得如此？現在，她的信件匣有三個尚未答覆的工作邀約。上個星期，她才剛跟前助理伊蓮娜喝過咖啡，她說她快被公司的行政業務淹沒了，很希望有更多機會練習設計。

艾莉西之前曾指導伊蓮娜三年，所以知道她有天分，而且非常值得依賴。快速互傳訊息之後，事情敲定了：伊蓮娜很高興能有機會接到未來的任何案子。艾莉西回覆了信件匣那三封待處理的邀約。等她一整頓好下一個案子，她就能開始藝術總監的新職務，創造新的收入來源。

重新開始

在刪減支出、確定新的收入來源即將來臨後,菲爾和艾莉西感覺精神重振了。要讓支出不超過預算,還是需要每日的努力,但光是知道帳單和現金流都有發揮最大的潛力,他們便充滿動力。每一塊錢都會去到他們希望或需要它去的地方,不會亂跑。來看看他們新舊預算的前後對照:

菲爾和艾莉西排毒過後的預算

帳單

房貸:$2500

天然氣:$100

電費:$70

車貸:$275

學前班:$800

網路:$40

有線電視:$50

Netflix/Hulu：0

艾莉西的壽險：$55

手機：$46

空手道：$0

帳單總額：$3,936

日常花費

買菜：$600

家庭用品：$50

汽油：$120

工作相關開銷：$100

餐廳／娛樂：$75

保母：$100

日常花費總額：$1,045

目標

迪士尼：$0

真實支出

車險：$120

修車：$50

保健醫療：$50

水費：$60

生日／節日：$40

地下室修繕：$150

真實支出總額：$470

額外好處

　　艾莉西很愛了解各種理財資訊。閱讀《華爾街日報》會使她喜悅；巴菲特是她的英雄。她和菲爾有存退休基金，但她一直想要辦一個投資帳戶，試試自己投資ETF（Exchange Traded Fund，指數股票型基金）的手氣。但，她一直覺得他們沒有多餘的錢可以給予投資正當的理由。

　　現在，她和菲爾比較能掌控預算了，她有動力實踐自己的小小投資夢。而且她甚至不用動到預算。她打算賣掉他們沒在用的東西，賺到的每塊錢都直接投入投資帳戶。首先，她把《亞歷山大‧漢密爾頓》（*Alexander Hamilton*）拿去當地的二手書店寄賣，賺了15美元。儘管金額很小，但她正式進

入股票市場了！這令她興奮不已。

　　她沒有多餘的時間可以賣東西（她有工作！傑克！菲爾！），因此她選擇兩條輕鬆的路：在附近的書店寄賣書，以及使用臉書進行「線上清倉拍賣」。憑著一張照片和簡單的敘述，她在臉書上賣掉了前屋主留在地下室、只有輕微使用痕跡的爐子，賣了350元。接著，她又賣掉傑克從來沒有使用的推車，賺了40美元。這下投資帳戶裡又多了390美元（約NTD 12,500）了！

 MEMO

想要放棄的時候

你一定會在某個時候想要放棄編列預算，但這不要緊。發生這種情況時，想想有哪些方法可以讓一切變得比較容易。同時，留意最常見的預算難關（最厲害的人也會遇到）：

- 沒有給自己喘息的空間：甜甜圈是一定要買的。
- 設立不切實際的花費目標：你的目標或許很高尚，但是如果那事不切合你的真實人生，就不會奏效。
- 希望快速改變：慢慢來。
- 對自己要求太高：對自己好一點。
- 出現預算強迫症：放下小事。
- 太過複雜：簡單就好。

假如這些都沒用，你可能需要從頭開始。

刪掉整個預算表，重新出發。寫下新的存錢目標和花費目標，接著分配金錢。讓一切回歸到改變生命的那個問題：*我希望錢為我做些什麼？*

道別語

你可以的

就算你沒有從這本書學到其他東西，我希望你至少明白，預算並不會帶來侷限。事實可說是恰恰相反。使用YNAB的四大法則編列預算時，你會完全掌握自己的財務狀況。你會根據自己的優先順序設計人生，而且沒有什麼比達成目標感覺還要棒，不管你花了多久才做到。

假如你到現在還沒有編列預算，我希望你能試試看。要有耐心，記住最重要的目標不可能一夕之間實現。但，小小的改變可以帶來大大的差異。

覺得沮喪時，只要想想你希望自己三個月、六個月或一年後是什麼樣子就好了。就算預算不完美（預算永遠不可能完美！），也要繼續編列，不要回頭。你會很驚訝自己能夠做到什麼。

你做得到的，就在今天，就在此刻。

你哪會失去什麼？除了所有的債務和壓力（好吧，那你確實會失去很多）。

你可以的。

謝辭

這本書是集體努力的成果,一路上沒有那麼多人的付出,不可能出版:

謝謝我的妻子茉莉,打從我第一次說出「我覺得我們需要預算」時,就一直支持我。

謝謝我的生意夥伴和YNAB的技術長泰勒‧布朗(Taylor Brown)總是如此思慮謹慎,信心堅定不移。

謝謝YNAB的顧客長陶德‧柯蒂斯(Todd Curtis)總能將模糊的概念化作清晰的構想。

謝謝YNAB的行銷長琳賽‧博吉斯(Lindsey Burgess)從第一天開始就對這項計畫充滿熱忱。

謝謝YNAB的設計師蘿倫‧考森(Lauren Coulsen)完成原書這麼棒的封面設計和插圖。

謝謝寫手瑪麗亞‧嘉利亞諾(Maria Gagliano)決心要把我書寫或記錄下來的一切變成真正的一本書。

謝謝卓越的作家經紀人麗莎・迪蒙那（Lisa DiMona）願意給我機會，一路上教了我許多。

謝謝史蒂芬妮・希區考克（Stephanie Hitchcock）和整個哈潑柯林斯團隊為了把YNAB帶給全世界做出這麼多努力。

謝謝整個YNAB團隊頑固地堅持要幫助人們讓他們的金錢跟優先順序相符。

謝謝各地的YNAB人持續熱情地將YNAB分享給親朋好友。

附錄

到哪裡閱讀、觀看和聆聽有關YNAB的一切

如果你正沉浸在預算的美妙之中，想要繼續保持，我們的網路好朋友不會令你失望。新的資源和社群會一直冒出來，因此以下只是網路上能找得到的眾多好東西的一部分。

YNAB.com的學習工具

免費課程：我們會定期張貼新課程，全都是免費的，不需要訂閱YNAB軟體也可以使用。這些課程都不長，這樣你就可以針對自己的問題得到解答，而且每一課都是YNAB的預算專家傳授的。在寫下這段文字時，我們提供的課程有這些：

- 透過預算掌控信用卡的使用
- 快狠準還清債務
- 實現儲蓄目標
- 脫離月光族循環
- 不用借錢也能負擔大筆開銷
- 破產了也能編列預算
- 掌控食物預算

請上https://www.youneedabudget.com/classes/了解最新課程表。

每週影片：我每個星期都會在白板星期三的播放清單討論新的預算主題，你可以前往訂閱：https://www.youtube.com/YouNeedABudget。

YNAB播客：如果你比較喜歡聽我說，不想看我說，YNAB的播客節目很適合你。你可以到iTunes搜尋YNAB，或上https://soundcloud.com/iynab。

部落格：我們幾乎每天都會在部落格討論預算，請到https://www.youneedabudget.com/blog/閱讀文章。

每週電子報：《YNAB每週總結》電子報永遠都很簡短、資訊豐富、充滿啟發性，因為誰想收到這種內容以外的電子

郵件？你可以到 https://www.youneedabudget.com/weekly-roundup/ 訂閱。

指南：瀏覽我們的指南，可以為你帶來靈感和有用的指引，無論是有關四大法則或其他重要的預算主題：https://www.youneedabudget.com/guides/。

網路上其他地方

我們的粉絲成立了許多很棒的YNAB社群，實在令我們感恩不已。我肯定少列了一些，畢竟網際網路毫無止盡，但是在我寫下這段文字時，網路上最活躍的YNAB粉絲社群有：

臉書社團：

YNAB Fans: https://www.facebook.com/groups/YNABFans/

Friendly YNAB Support: https://www.facebook.com/groups/1401727190120850/

YNAB Subreddit: https://www.reddit.com/r/ynab/

你也可以在這些地方找到我們：臉書 facebook.com/iYNAB/、Instagram@youneedabudget 和推特@YNAB。

YNAB，史上最簡單有效的個人理財預算法

讓每一塊錢都有效率！教您從根解除財務焦慮

You Need a Budget: The Proven System for Breaking the Paycheck-to-Paycheck
Cycle, Getting Out of Debt, and Living the Life You Want

作　　者　傑西・麥坎姆（Jesse Mecham）
譯　　者　羅亞琪
發 行 人　王春申
選書顧問　陳建守、黃國珍
總 編 輯　林碧琪
責任編輯　何珮琪
封面設計　盧卡斯工作室
內頁設計　編輯部、盧卡斯工作室
業　　務　王建棠
資訊行銷　劉艾琳、孫若屏
出版發行　臺灣商務印書館股份有限公司
　　　　　23141新北市新店區民權路108-3號5樓（同門市地址）
電話：（02）8667-3712　傳真：（02）8667-3709
讀者服務專線：0800056196
郵撥：0000165-1　　E-mail：ecptw@cptw.com.tw
網路書店網址：www.cptw.com.tw
Facebook：facebook.com.tw/ecptw

YOU NEED A BUDGET: The Proven System for Breaking the Paycheck-to-Paycheck Cycle,
Getting Out of Debt, and Living the Life You Want
by Jesse Mecham
Copyright © 2018 by YNAB Licensing LLC.
Complex Chinese Translation copyright © 2025
by The Commercial Press, Ltd.
Published by arrangement with Harper Business, an imprint of HarperCollins Publishers, USA
through Bardon-Chinese Media Agency
博達著作權代理有限公司
ALL RIGHTS RESERVED

局版北市業字第993號
初版一刷：2025年2月
印刷廠：中原造像股份有限公司
定　價：新臺幣450元

國家圖書館預行編目（CIP）

YNAB,史上最簡單有效的個人理財預算法：讓每一
塊錢都有效率!教您從根解除財務焦慮/傑西.麥坎姆
(Jesse Mecham) ; 羅亞琪譯. -- 初版. -- 新北市：臺
灣商務印書館股份有限公司, 2025.02
　面；　公分
譯自：You need a budget : the proven system for
breaking the paycheck-to-paycheck cycle,
getting out of debt, and living the life you want
ISBN 978-957-05-3605-8(平裝)
1.CST: 個人理財 2.CST: 財務管理 3.CST: 財務預算
563　　　　　　　　　　　　　113020028